I0566836

BESTACTIVITYBOOKS.COM

EERSTE EDITIE - Gepubliceerd in 2022

Extra grafisch materiaal van: www.freepik.com
Dank aan: Alekksall, Starline, Pch.vector, Rawpixel.com, Vectorpocket, Dgim-studio, Upklyak, Macrovector, Stockgiu, Pikisuperstar & Freepik.com Designers

5 TIPS OM TE BEGINNEN!

1) HOE OP TE LOSSEN

De Puzzels zijn in een Klassiek Formaat:

- Woorden worden verborgen zonder pauzes (geen spaties, streepjes, ...)
- Oriëntatie: Voorwaarts & Achterwaarts, Boven & Beneden of in Diagonaal (kan in beide richtingen)
- Woorden kunnen elkaar overlappen of kruisen

2) ACTIEF LEREN

Naast elk woord is een spatie voorzien om de vertaling te noteren. Om actief te leren vindt u een **WOORDENBOEK** aan het einde van deze editie om uw kennis te controleren en uit te breiden. U kunt elke vertaling opzoeken en opschrijven, de woorden in de puzzel vinden en ze vervolgens aan uw woordenschat toevoegen!

3) TAG JE WOORDEN

Hebt u al geprobeerd een labelsysteem te gebruiken? U zou bijvoorbeeld de woorden die moeilijk te vinden waren kunnen markeren met een kruis, de woorden die u leuk vond met een ster, nieuwe woorden met een driehoek, zeldzame woorden met een ruit enzovoort...

4) ORGANISEER UW LEREN

Wij bieden ook een handig **NOTITIEBOEKJE** aan het eind van deze uitgave. Of u nu op vakantie, op reis of thuis bent, u kunt uw nieuwe kennis gemakkelijk ordenen zonder dat u een tweede notitieboek nodig hebt!

5) AFGESLOTEN?

Ga naar de bonussectie: **FINAAL UITDAGING** om een gratis spel te vinden dat aan het einde van deze editie wordt aangeboden!

Wil je meer leuke en leerzame activiteiten? Het is **Snel en Eenvoudig!**
Een hele collectie spelboeken slechts **één klik verwijderd!**

Vind uw volgende uitdaging bij:

BestActivityBooks.com/MijnVolgendeBoek

Klaar... Start!

Wist u dat er zo'n 7000 verschillende talen in de wereld zijn? Woorden zijn kostbaar.

We houden van talen en hebben hard gewerkt om de boeken van de hoogste kwaliteit voor u te maken. Onze ingrediënten?

Een selectie van onmisbare leerthema's, drie grote plakken plezier, dan voegen we er een lepel moeilijke woorden en een snuifje zeldzame woorden aan toe. We serveren ze met zorg en een maximum aan verrukking, zodat je de beste woordspelletjes kunt oplossen en veel plezier beleeft aan het leren!

Uw feedback is essentieel. U kunt een actieve bijdrage leveren aan het succes van dit boek door een recensie achter te laten. Vertel ons wat u het meest beviel in deze editie!

Hier is een korte link die u naar uw bestelpagina brengt:

BestBooksActivity.com/Recensies50

Bedankt voor uw hulp en veel plezier met het spel!

Linguas Classics

1 - Metingen

ر	ش	د	ن	غ	ر	غ	ف	ح	ح	ؤ	غ	ر	أ	ك	د
إ	ى	ع	ش	ص	و	و	ب	ي	ؤ	ض	ر	ع	و	ي	ا
غ	ب	ؤ	ج	ش	ف	ب	و	ص	ة	ق	ا	ى	ق	ل	ئ
ب	ؤ	ز	ج	ع	و	ل	ل	و	ق	ى	م	ى	ي	و	ع
آ	ى	آ	ا	ط	ز	خ	ت	خ	ي	ن	ي	ع	ة	غ	ع
س	م	ف	ف	ش	ن	غ	و	ر	ق	ف	ر	ظ	ظ	ر	و
و	ل	ب	ئ	ن	ط	ط	ص	ت	د	ئ	ر	غ	ظ	ا	ش
و	ط	ة	ا	ي	ض	ى	ل	م	ع	ص	ة	غ	ث	م	ق
م	ح	س	ل	ل	ى	غ	ا	ي	ر	ش	ع	ض	ن	ف	ط
ا	إ	ل	ط	ت	غ	ح	ل	ت	ت	ط	ش	ق	و	ك	و
د	ع	ي	و	ر	و	ث	ث	ن	م	ا	ر	ت	ف	ا	ع
ل	ث	د	ل	ف	آ	ث	ظ	س	و	ح	ر	ي	س	ت	ش
ك	غ	ة	آ	ع	خ	ل	ك	ت	ل	ة	ك	ا	س	غ	ص
ق	ي	ش	ف	ذ	ذ	ذ	ل	م	ي	ح	ض	ب	ش	غ	د
و	ؤ	آ	د	ذ	ن	إ	ب	ت	ك	إ	ر	ط	ض	ش	س
ن	ن	ل	ف	ل	و	ر	ا	ر	ا	ظ	ك	ت	ع	ة	ي

كيلومتر
الطول
لتر
كتلة
متر
دقيقة
أوقية
نصف لتر
طن
الصوت

عرض
بايت
سنتيمتر
عشري
عمق
وزن
غرام
ارتفاع
بوصة
كيلوغرام

2 - Opwarming van de Aarde

ؤ	ر	ذ	إ	ج	ك	و	ش	ج	إ	م	ع	ي	ر	س	م
ؤ	ي	إ	ر	آ	ي	ج	ف	إ	ظ	م	س	ر	ا	س	ش
ص	ي	ق	ن	ج	ز	د	ق	ئ	ن	و	آ	ت	ب	د	ى
ث	ع	ة	ى	ك	ة	م	ش	غ	ث	ط	ا	ض	ق	ش	س
ت	خ	ع	ع	غ	د	ر	ؤ	ر	ذ	ى	ح	ة	ذ	ب	ي
ط	ا	ق	ة	ع	ا	ن	ص	ح	ف	ز	ط	ر	ا	ث	ل
إ	ن	ا	و	ئ	ط	آ	ص	ي	ع	ت	ئ	ا	ن	د	خ
ة	م	ة	أ	ز	م	ة	خ	ب	ي	ح	ر	ر	ت	و	م
ظ	ط	ر	ئ	ا	ل	آ	ن	إ	ر	ك	ى	ح	ب	ل	ب
ت	ا	ن	ا	ي	ب	ل	ا	ن	ش	و	ي	ل	ا	ي	ض
ن	ي	ض	ش	ج	ب	غ	ا	ز	ت	م	ط	ا	ه	ر	ب
ى	ز	إ	ى	ع	ا	ل	م	ث	ق	ة	د	ت	ة	م	ف
ا	ل	ب	ش	ر	ز	ل	ا	ي	ج	أ	ل	ا	ا	ي	خ
ا	ل	ق	ط	ب	ا	ل	ش	م	ا	ل	ي	ج	ؤ	ئ	ق
ا	ل	ت	غ	ي	ي	ر	ا	ت	آ	د	ي	ر	ض	ي	ث
ح	ش	د	ظ	ط	ذ	ع	خ	ق	ح	ع	ة	د	إ	غ	ر

البشر
البيئة
الآن
تطور
حكومة
درجات الحرارة
مستقبل
التغييرات
عالم
تشريع

انتباه
القطب الشمالي
أزمة
طاقة
غاز
البيانات
الأجيال
صناعة
دولي
مناخ

3 - Keuken

ع	ث	ف	غ	ذ	ش	و	ئ	إ	ى	ى	م	أ	س	غ	ر
ع	خ	م	ؤ	ص	ض	ع	ي	غ	ش	ن	ن	ك	ك	ل	د
ا	ر	ت	ا	ش	م	ا	ج	ظ	ش	ي	د	و	ا	ا	ف
ا	ل	م	ل	ا	ع	ق	ي	ر	ب	إ	ي	ا	ك	ي	ل
ل	ب	ؤ	ة	ف	ص	و	م	ا	ح	ع	ل	ب	ي	ة	ف
ؤ	ا	آ	ط	ص	ف	ع	ئ	ز	ل	ت	ل	م	ن	ص	ص
ئ	و	ة	ب	ع	غ	ا	ز	س	ؤ	ش	إ	س	ف	ن	ج
ؤ	ت	ف	ر	ن	ا	ء	ر	ب	ق	إ	و	ع	ج	غ	إ
ف	د	ر	س	آ	آ	م	ع	ة	ر	ج	د	ك	ط	ش	ي
و	ق	غ	ز	ا	ن	ذ	ط	ي	ى	ذ	ؤ	ذ	ة	ى	ل
ح	ج	م	د	ك	ج	ق	ص	ا	د	ى	ب	ط	ن	خ	ث
ذ	ي	ح	ذ	ل	ق	ك	آ	و	م	ا	ف	ز	ج	ؤ	ث
ل	آ	ؤ	ظ	ظ	ف	ل	خ	ش	ج	خ	ن	ز	د	آ	ق
ة	ذ	و	ؤ	خ	ا	ث	إ	ح	م	ؤ	ق	ش	د	م	ص
ح	ا	ص	ذ	ج	ظ	ط	س	ي	غ	ي	ج	ض	غ	ب	آ
ظ	ؤ	إ	ذ	ئ	ف	د	ث	ل	ا	ج	ة	ط	و	آ	إ

مغرفة
جرة
وصفة
مئزر
منديل
توابل
إسفنج
طعام
الشوك
مجمد

أكواب
عيدان
شواية
غلاية
ثلاجة
وعاء
إبريق
الملاعق
سكاكين
فرن

4 - Boten

غ	م	ي	خ	ت	ة	و	آ	ن	ه	ر	ع	ك	ق	ث	أ
ك	ئ	س	م	ن	ى	ك	ا	ي	ا	ك	ا	إ	ظ	خ	م
م	ر	ك	ب	ش	ر	ا	ع	ي	ح	م	ك	ط	ر	ة	و
ئ	ة	إ	ق	ر	ئ	ي	غ	ز	ج	ض	ر	م	م	م	ا
و	د	ذ	ب	إ	ة	ئ	ئ	ت	ف	إ	ح	س	ر	م	ج
ة	ا	ب	ح	ي	ر	ة	ة	خ	ج	ق	م	ص	ا	ف	ب
ض	ش	ن	ت	خ	ا	م	ط	و	ة	ا	ث	د	ذ	ة	ح
ؤ	ئ	ث	ف	ق	ب	ا	ا	ر	ذ	ر	س	ي	ة	ظ	ب
ح	ن	ش	ت	ت	ع	و	ق	ط	ش	ب	ا	ط	ن	ق	إ
ة	ح	ب	د	ة	ل	ع	م	ق	ز	ن	ر	ب	ط	ظ	غ
س	ع	ع	د	ذ	ا	ذ	ر	ي	ذ	ج	ي	آ	ح	ز	و
ج	ف	غ	ن	ب	ح	ر	ص	ط	ش	ا	ة	ك	ك	ر	ذ
ح	ذ	إ	ط	ي	ح	م	ي	ظ	ت	ة	د	غ	آ	ئ	ي
ح	إ	س	ح	و	ى	إ	ف	ث	ص	د	و	ح	ح	ض	ح
ش	خ	ز	ب	إ	ف	ا	ظ	د	ك	ر	ئ	ب	ت	ل	ئ
و	غ	ح	ل	ا	ل	ز	و	ر	ق	ف	ا	ز	ن	ب	ح

محرك
بحري
محيط
قارب نجاة
نهر
حبل
العبارة
طوف
بحر
مركب شراعي

مرساة
طاقم
عوامة
رصيف
أمواج
يخت
كاياك
الزورق
سارية
بحيرة

5 - Gezondheid en Welzijn #2

ل	و	ك	ج	ل	ؤ	ت	ب	ض	ن	ج	ن	خ	ؤ	ظ	ن
ث	ث	ظ	ذ	ح	س	ش	ج	م	ا	ا	غ	ص	و	ل	ص
ح	و	د	ث	د	م	ر	ج	ا	ع	ل	ص	غ	س	د	ث
ش	ن	م	ة	ا	ح	ي	ب	ج	ى	إ	س	ط	ب	ة	ق
د	و	و	ح	ل	إ	ح	ض	ع	ع	ر	ح	ج	ى	ي	آ
ز	س	ص	ا	ت	ض	ش	غ	ض	ت	د	ل	ي	ك	خ	ش
ق	و	ة	ث	ع	ا	ط	ط	ة	ث	ج	ا	ب	و	د	ص
ت	ح	م	ط	ا	م	و	ط	ث	ط	ا	ق	ة	غ	ز	ؤ
ح	ع	ظ	ف	ف	ر	غ	و	ا	ل	ن	ظ	ا	ف	ة	ن
ع	د	و	ى	ي	ض	ك	و	ر	خ	ة	د	د	د	ي	ي
ق	ز	ك	ئ	ز	ق	ث	ع	و	م	ض	ص	آ	ا	م	م
آ	م	ر	ئ	ا	ل	خ	ؤ	ل	و	ئ	ح	ف	خ	ح	ا
ب	س	ق	ل	ق	إ	ص	ت	ا	ن	آ	ي	ئ	ا	ج	ت
ه	ت	غ	ذ	ي	ة	ر	ق	م	غ	ض	م	ط	غ	إ	ي
ض	ي	ئ	ص	خ	إ	ا	ل	ل	م	س	ت	ش	ف	ى	ف
م	ف	ح	س	ا	س	ي	ة	ع	و	ؤ	غ	ى	ر	ت	ئ

حساسية
تشريح
دم
حمية
طاقة
علم الوراثة
وزن
صحي
التعافي
النظافة

عدوى
قوة
جثة
تدليك
هضم
ضغط
فيتامين
تغذية
مستشفى
مرض

6 - Tijd

د	ع	ب	ة	م	ث	ي	ش	آ	ق	ض	ة	ق	ق	ذ	ي
ق	ق	آ	ب	غ	د	و	ع	غ	ل	ب	ط	إ	م	ر	و
ع	ح	ي	و	م	ت	م	ي	و	ق	ت	ط	ث	ق	ل	ن
ل	ث	و	ق	ة	ض	ز	ف	ص	ق	ق	ج	ص	أ	م	س
ا	خ	ا	إ	ة	ض	ر	ز	ي	ح	ط	ا	خ	غ	د	ا
ظ	ص	ل	ى	ع	ض	م	س	ت	ق	ب	ل	ؤ	ف	ب	ب
ظ	ب	آ	س	ث	ب	ص	و	ل	ع	ت	ي	ح	ئ	ق	ي
ت	ا	ن	ن	ف	ظ	ة	ر	ي	ه	ظ	ل	ا	ت	ق	و
ظ	ح	و	ة	ذ	ف	س	ه	ف	ل	آ	ل	ر	إ	ذ	ئ
ح	ت	إ	غ	ا	ى	د	ش	ى	ض	ا	ا	ك	ؤ	ك	ض
ض	ج	ة	ف	م	إ	د	آ	إ	آ	ظ	ن	ب	ط	ظ	ط
س	ذ	ف	ة	آ	ا	ث	ا	خ	س	و	ص	م	ز	ذ	آ
ي	ف	د	ح	ن	ؤ	ش	غ	م	ا	ش	ش	د	ث	ث	ق
م	ظ	ب	ي	ض	ى	ي	ع	خ	ع	و	ب	س	أ	ب	ذ
ن	و	ص	و	ؤ	و	ج	ى	ج	ة	و	ص	و	ا	ط	ا
ؤ	ع	م	ب	د	ز	ن	و	إ	ئ	ض	ا	ظ	ى	ى	ج

غدا
بعد
الليل
الآن
صباح
مستقبل
ساعة
اليوم
مبكرا
أسبوع

يوم
العقد
قرن
أمس
سنة
سنوي
تقويم
شهر
وقت الظهيرة
دقيقة

7 - Meditatie

س	ت	ئ	ت	ا	ج	ل	ف	س	ر	ش	ش	ش	ل	و	د
ب	و	ا	ط	ل	ط	ظ	س	ع	ا	د	ة	ع	ي	ب	ط
ب	ز	إ	د	ع	ج	ق	ت	ؤ	ة	م	ق	ل	ؤ	ك	ب
ت	ي	ب	م	و	س	ي	ق	ى	ئ	ة	ق	ش	ز	ر	ز
و	ة	ط	ا	ا	ت	ت	ئ	ف	و	ع	ك	ش	ز	ث	ر
إ	ا	ل	ل	ط	ف	س	ض	ة	ب	ق	ا	ر	م	ل	ا
ز	ل	ق	س	ف	ث	م	إ	ا	ض	ه	ا	ب	ت	ن	ا
ر	م	ا	ح	س	ش	م	ل	ذ	س	ع	د	ر	ث	ذ	م
ر	ن	إ	ة	ث	ح	ت	ى	ض	خ	ا	خ	خ	ى	ت	ص
ع	ظ	ح	ى	ح	ن	م	ل	ذ	ت	ق	ص	ة	ك	ر	ح
ف	و	ع	ذ	ف	ة	ص	ج	ش	ض	ش	د	ذ	ك	ص	و
ل	ر	و	س	ق	ذ	ل	ظ	ل	و	ب	ق	ش	ذ	ص	ض
ن	ج	إ	ث	و	ل	ا	ط	و	ض	ع	د	ؤ	ر	ط	و
ف	ؤ	ف	ش	م	غ	ر	ك	ب	ا	ف	ط	ع	ر	ئ	ح
ض	ط	ع	ة	ل	م	ن	ط	ح	ك	غ	آ	ة	ش	ش	ج
ظ	ث	ذ	ظ	ا	ذ	م	ع	إ	ث	إ	ر	ا	ك	ف	أ

عطف
عقلي
موسيقى
طبيعة
المراقبة
المنظور
الصمت
سلام
اللطف
مستيقظ

انتباه
قبول
التنفس
حركة
شكر
العواطف
أفكار
سعادة
وضوح
الموقف

8 - Muziek

ط	ر	م	ة	ا	ا	غ	غ	خ	أ	د	ا	ة	ق	أ	ت
ف	غ	ف	س	م	ل	ى	ن	غ	ف	ض	غ	خ	ع	غ	ث
ن	ز	ق	ث	إ	إ	أ	ن	ا	ة	خ	ا	خ	ض	ن	ش
ة	ل	ك	ع	غ	ي	ز	و	ض	ئ	ة	ل	ح	ن	ي	ظ
ى	و	ي	ح	ث	ق	ت	ف	ب	ي	ي	و	ض	ي	ة	د
ت	ح	س	ي	ن	ا	ئ	و	ب	ر	خ	ة	ن	ض	آ	ق
ك	غ	د	س	ا	ع	ز	ر	ز	ز	ا	ش	ى	ى	و	ة
ل	ة	ؤ	ع	و	ض	ر	ك	ش	ا	ن	ؤ	ق	ك	ي	ى
ا	ق	ف	ش	ت	ك	ج	ي	ئ	ا	ق	ت	ن	ا	ج	ث
س	ي	ت	ر	ظ	ق	آ	م	ط	إ	ا	ن	س	ج	ا	م
ي	ذ	ت	م	ن	ز	ب	و	غ	ل	ي	ج	س	ت	ي	إ
ك	ل	و	ؤ	ظ	ق	ج	ب	ض	ا	ى	ق	ع	ض	ز	ض
ي	آ	ن	ث	د	آ	و	ل	ظ	ذ	ة	ق	ا	ف	آ	آ
ا	ل	م	غ	ن	ي	ق	أ	ط	ى	م	و	ق	ع	خ	ك
ش	ا	ع	ر	ي	آ	ة	ق	ج	ط	ط	ث	ي	ض	ي	ظ
م	و	س	ي	ق	ي	ؤ	ص	ل	ا	ق	ن	إ	خ	ط	ت

ألبوم	ميكروفون
أغنية	موسيقي
انتقائي	أوبرا
انسجام	تسجيل
تحسين	شاعري
أداة	إيقاع
كلاسيكي	إيقاعي
جوقة	الإيقاع
غنائية	المغني
لحن	غنى

9 - Vogels

ط	ش	ك	ؤ	ب	ا	ذ	ح	م	ا	م	ة	ئ	غ	ت	ط
ا	إ	ن	إ	ب	ل	ي	ز	ن	ة	ت	م	ر	خ	و	ب
ة	م	ح	ظ	غ	و	ر	ي	ط	د	ج	ا	ج	ق	ي	و
م	ح	ا	ج	ا	ق	غ	ف	ئ	خ	ب	ع	ا	ض	ظ	ة
ل	د	م	ا	ء	و	س	ه	ي	ر	و	ن	ة	ب	ر	آ
ذ	ت	ض	ص	ذ	ا	و	ت	ئ	ش	ح	س	م	ح	ئ	ز
ف	ر	إ	ت	ت	ق	و	إ	ص	ق	ز	ن	و	ر	س	ت
ض	ح	ؤ	ف	ذ	ف	ا	ل	ل	ق	ل	ق	ب	ص	د	ؤ
ص	ف	ر	ذ	ظ	ب	ط	ض	ر	ش	ص	ي	ز	ث	ح	ب
ح	آ	غ	آ	ك	آ	ل	م	آ	ع	ب	ر	و	ف	ص	ع
ى	ط	ى	ث	آ	ذ	ا	إ	ن	ك	ط	ط	إ	ص	ظ	ق
ى	ت	م	ع	ش	ش	ر	ب	ج	ع	ة	ب	ث	ف	ق	ع
س	ى	آ	آ	ز	ظ	و	ض	ذ	ؤ	ش	ل	د	إ	ر	ى
ة	ظ	خ	ت	إ	ك	ن	ص	ي	ق	إ	ا	آ	ؤ	آ	ر
د	ف	ط	ص	ط	ا	ت	ج	ص	ط	خ	ص	إ	ز	ط	ق
إ	ؤ	ع	ع	ج	ب	ل	ا	م	ف	ئ	ط	غ	ض	ث	ح

حمامة
بطة
بيضة
نحام
إوز
دجاج
الوقواق
غراب
نورس
عصفور

اللقلق
ببغاء
الطاووس
البجع
البطريق
هيرون
نعامة
طوقان
بومة
بجعة

10 - Behoud

إ	ع	ع	غ	ة	ح	ص	ل	ا	خ	ؤ	ص	ل	ا	ا	د
ة	م	ب	ي	د	ا	ل	آ	ف	ا	ت	ج	ؤ	ل	و	ط
ر	ث	و	ل	ت	ل	ا	ض	ج	ا	ع	و	ت	ر	ا	ب
ح	ص	ر	د	ث	ذ	غ	ر	ئ	ت	م	غ	ة	ض	ل	ي
م	و	ا	د	ك	ي	م	ي	ا	ئ	ي	ة	ح	خ	ب	ع
م	ن	ى	آ	ئ	ك	د	س	س	ي	ل	ت	ج	أ	ي	ي
ب	ف	ذ	م	ض	ط	ط	ء	ر	إ	ع	ى	ظ	ت	ئ	ة
ذ	ض	ي	ل	ر	ش	ض	ا	م	ع	ت	ض	ا	إ	ة	ؤ
إ	ؤ	ؤ	م	ط	إ	ت	م	ر	ئ	ط	ث	ط	ت	ي	ل
ر	ي	و	د	ت	ل	ا	ة	د	ا	ع	إ	ت	ب	ف	ح
ط	م	ا	د	ت	س	م	ئ	خ	و	ق	ب	غ	ع	ق	ب
ي	ئ	ي	ب	ل	ا	م	ا	ظ	ن	ل	ا	ي	و	ض	ع
ئ	آ	إ	م	ب	ي	ش	ع	و	ط	ت	م	إ	ل	ث	آ
ي	ؤ	ذ	ن	س	ل	ئ	ا	ث	ث	ظ	م	ع	غ	ق	ر
ر	و	ص	ا	ئ	ة	ة	م	د	ة	ل	ئ	و	م	ل	ا
ث	إ	ئ	خ	ث	ل	ص	ل	ة	ئ	ف	ؤ	ا	ق	ق	ة

تعليم
عضوي
مبيد الآفات
إعادة التدوير
التغييرات
خفض
التلوث
متطوع
ماء
قلق

مواد كيميائية
مستدام
النظام البيئي
دورة
الصحة
أخضر
الموئل
مناخ
البيئة
طبيعي

11 - Wiskunde

ث	ز	ر	ح	س	ا	ب	ص	ث	إ	د	ث	ر	ض	ا	ح
ح	س	ص	ط	غ	ز	م	ث	ل	ث	ع	ش	ر	ي	ط	آ
ع	ة	ق	ذ	ة	ش	ا	س	ع	ش	ة	ت	ع	ق	ش	ك
ق	ع	ج	د	ى	د	ق	ة	س	ض	ي	ث	ر	ط	ب	ك
ز	إ	ف	ق	ئ	ي	ر	ث	ة	ؤ	ذ	ص	إ	ذ	ذ	ج
س	إ	ف	آ	ن	ك	أ	ا	آ	ؤ	ط	س	إ	ط	ع	ب
ؤ	و	م	ر	ى	ك	ل	ل	ح	ي	ف	م	ن	ف	ل	ع
آ	إ	أ	ح	غ	ع	ا	ص	ع	ض	ئ	ع	ل	ض	م	ه
ت	غ	س	ظ	ي	ا	ت	و	ع	ا	ي	ا	و	ز	ن	ن
ف	ت	خ	ظ	ث	ط	ط	ت	ف	ن	ن	د	ط	ا	ش	د
م	آ	ز	ق	ع	ك	م	ظ	ن	ة	ص	ل	و	و	ع	س
ج	ش	ط	ع	آ	ب	د	ا	ر	ق	إ	ة	إ	م	ع	ة
م	م	ق	ك	ا	ا	ر	ط	ق	ت	ط	د	م	ف	ع	آ
و	إ	ب	س	ء	ز	ج	م	س	ت	ط	ي	ل	ب	ب	ل
ع	ة	د	ى	ر	ظ	ا	ن	ت	ا	ك	ط	ص	م	ن	ة
آ	ئ	ئ	ض	ط	ا	ت	ك	ث	ع	ئ	ح	ص	ا	ؤ	ك

الأرقام
عشري
قطر
مثلث
أس
جزء
هندسة
درجات
زوايا
عمودي

محيط
مواز
مستطيل
حساب
مجموع
تناظر
مضلع
معادلة
مربع
الصوت

12 - Gezondheid en Welzijn #1

ر	أ	ذ	م	ن	ع	ك	س	ث	ل	غ	ب	ز	إ	ن	ا
س	ع	ن	ء	ل	آ	ز	و	ر	د	ث	ذ	ز	ص	ع	و
خ	ص	ي	ا	ج	ك	س	ر	ر	ى	ن	ش	ط	ا	د	ا
آ	ا	ج	و	ط	ج	ث	ي	ا	ر	ة	ب	ي	ب	ى	ض
خ	ب	ا	د	خ	ت	ز	ف	ز	آ	ي	ة	ت	ة	ن	ى
ة	م	ل	ص	ب	ع	و	ج	ؤ	ب	ل	ش	ز	س	ز	ة
ا	ص	ع	س	ز	ا	ي	ؤ	ى	خ	د	س	ض	ض	ع	ش
ع	م	ل	ث	ي	ف	ث	ك	ق	ث	ي	م	ق	ي	س	ج
ر	د	ا	ب	خ	ت	ة	د	ا	ع	ص	ج	ا	ر	ظ	ب
ئ	غ	ظ	ا	د	ر	آ	ص	ي	و	ت	د	ط	إ	س	د
ج	و	م	ق	ق	ا	إ	ي	ر	آ	ة	ؤ	ض	ى	ك	ك
ل	غ	ن	ط	ة	ز	ظ	ل	ي	ء	ا	خ	ر	ت	س	ا
د	ع	إ	ت	ح	ب	آ	ي	ت	ا	ل	ب	م	ب	ش	ش
ا	د	ز	و	ح	ث	ر	ر	ك	ش	ث	ت	ا	ل	ض	ع
ق	ل	آ	غ	و	م	ش	ح	ب	ح	خ	ئ	ث	ص	غ	ط
ف	ش	ح	ز	ئ	ئ	ع	ت	ا	ن	و	م	ر	ه	ل	ا

نشط
صيدلية
بكتيريا
العلاج
كسر
طبيب
عادة
جوع
ارتفاع
الهرمونات

جلد
عيادة
إصابة
دواء
استرخاء
منعكس
عضلات
علاج
فيروس
أعصاب

13 - Camping

ط	ب	ي	ع	ة	ح	ئ	ل	س	ر	ة	خ	ي	م	ة	ز
ض	ة	ر	د	ب	ب	غ	غ	م	ج	ى	ذ	ي	ق	ل	ر
ن	ض	ئ	ت	ر	ل	ؤ	ز	ذ	ع	ط	ا	غ	ق	ب	ب
م	ق	غ	ج	ج	إ	ة	ص	م	ص	ل	ض	ق	ئ	ض	ق
ر	ض	ب	و	ض	ئ	د	ذ	ز	ز	د	ب	ث	ث	ر	ك
ن	ف	ة	ع	ط	ئ	ط	غ	ت	ب	و	ص	ل	ة	س	ج
ق	ئ	ع	ة	ة	ا	ف	ؤ	ا	س	ر	ك	إ	ت	ئ	ن
ف	ا	ن	و	س	م	ل	ن	ن	ب	ك	ض	د	ط	ص	ا
أ	ر	ج	و	ح	ة	ب	ز	ا	ق	ة	ر	ي	ح	ب	ر
ص	م	ز	ل	ؤ	ة	ج	ض	و	إ	ل	ا	ص	ب	ذ	ة
ط	ق	م	غ	ا	م	ر	ة	ي	ر	ل	ج	ل	خ	ض	خ
ز	ط	خ	ض	س	ص	ذ	ر	ح	ا	ق	ش	ا	ر	ا	إ
غ	ة	ف	ى	ئ	ذ	ن	ش	ل	ل	غ	أ	ش	ي	ص	ا
آ	آ	ذ	ر	د	ظ	ة	ح	ا	ظ	ؤ	ل	ث	ط	ض	ا
ا	ل	م	ق	ص	و	ر	ة	ئ	ص	غ	ا	ز	ة	آ	آ
و	ي	ز	ض	إ	م	ة	ح	ث	ن	ة	ذ	و	ث	ج	ي

مغامرة
جبل
الأشجار
غابة
نار
المقصورة
الحيوانات
أرجوحة
قبعة
حشرة

الصيد
خريطة
الزورق
بوصلة
فانوس
قمر
بحيرة
طبيعة
خيمة
حبل

14 - Algebra

س	أ	م	ت	ي	ن	ا	ي	ب	ل	ا	م	س	ر	ل	ا
غ	ا	ش	ى	ن	و	ش	ن	ك	م	ب	ل	ئ	ق	ث	م
د	ؤ	ك	إ	د	م	ح	ب	م	ج	ز	ء	ق	م	ق	ى
ع	ذ	ل	آ	ي	ص	خ	ط	ي	م	م	و	ت	م	ذ	ي
ن	و	ة	ي	ق	ف	ق	ش	ة	و	س	غ	ب	أ	ط	خ
ص	ل	ل	ك	ب	و	ج	ذ	ش	ع	ي	ج	ئ	ب	ة	ك
خ	ا	د	ش	ش	ف	و	ز	ص	ر	ن	غ	ئ	ف	ر	ة
ر	ن	ا	ح	د	ة	غ	ع	آ	ا	ا	س	م	و	ط	س
ق	ه	ع	ل	ئ	غ	ة	ا	ق	ق	ي	ا	ي	ض	ج	ش
ى	ا	م	ب	ع	ا	م	ل	ح	ع	ب	ت	ى	ح	ث	ز
ز	ئ	ى	ف	آ	ض	ن	ذ	غ	ع	م	د	ط	د	ت	ح
م	ي	ث	ل	ر	ث	ع	ى	ة	م	س	ح	ي	ز	ث	ش
ئ	ض	ب	ص	ط	ر	ع	غ	ق	ئ	ر	إ	ك	ب	ب	م
ن	ى	ل	ف	إ	ئ	ك	ؤ	ن	ط	ص	ن	ذ	ؤ	ة	ف
ح	و	ذ	ر	ط	م	ق	ر	ل	ل	ؤ	ط	ي	س	ب	ت
غ	ظ	ر	ب	ت	ص	د	ا	ع	ع	ع	ش	ح	ص	خ	ص

صفر	الطرح
رقم	رسم بياني
لانهائي	أس
حل	عامل
مشكلة	جزء
مجموع	الرسم البياني
خطأ	قوس
متغير	كمية
تبسيط	خطي
معادلة	مصفوفة

15 - Activiteiten

ط	ز	ء	ا	خ	ر	ت	س	ا	ا	ل	ص	ي	د	ب	ا
ا	خ	ب	ه	ي	ف	ر	ت	ل	ا	ك	و	و	ك	س	ل
ص	ل	ق	ظ	ا	ز	ة	ض	أ	ش	م	ي	ي	خ	ت	ح
م	ص	ح	ك	ط	ا	ش	ن	ل	ك	س	ه	ن	ط	ن	ي
ز	س	و	ر	ة	س	ب	ف	غ	غ	ل	ج	ا	م	ة	ا
خ	ئ	ف	ط	ف	ح	ص	ت	ا	ق	ا	س	ف	ر	ل	ك
ة	ج	ص	ع	ض	ر	م	م	ز	م	د	ض	ق	ل	ة	ة
و	ز	آ	ط	ت	ص	و	ي	ر	ع	ي	ي	ن	ة	ب	ع
إ	أ	إ	ص	ر	غ	ط	ذ	ث	س	ص	ا	ل	ر	ق	ص
د	ل	ع	إ	ت	إ	ؤ	ع	ا	ل	ل	و	ح	ة	ك	ر
ز	ع	م	ت	ع	ة	ق	ق	ر	ؤ	ل	ظ	س	س	ل	ن
ظ	ا	آ	ق	ظ	غ	ئ	ر	ج	ذ	ن	ي	ي	ت	د	ق
ح	ب	آ	ذ	ج	ط	ش	ف	ا	ى	و	ة	ح	خ	ي	ط
ة	ك	ض	خ	ذ	ذ	آ	ع	ش	ء	و	ز	ق	م	ن	ك
ح	ي	ت	آ	آ	ص	ر	ت	ذ	ر	ة	ف	ج	ظ	ف	ذ
ع	س	ك	ب	ت	س	ل	ن	ح	ج	ص	ؤ	ظ	ط	د	ج

نشاط	قراءة
الحرف	سحر
الحياكة	خياطة
الرقص	استرخاء
تصوير	متعة
ألعاب	الألغاز
صيد السمك	اللوحة
الصيد	بستنة
تخييم	مهارة
فن	الترفيه

16 - Diplomatie

ؤ	ظ	ر	ئ	م	ت	ا	غ	ل	ل	ا	ا	ق	ع	ش	ئ
ل	د	ك	ذ	ا	ش	ل	ج	ح	م	ك	ل	ى	ن	ؤ	م
ض	ق	ن	ك	ع	إ	م	د	ض	إ	س	س	آ	م	ج	ض
ض	ظ	ن	ق	ع	ض	و	س	ث	ط	ي	ف	ة	ن	ض	ؤ
ظ	غ	ز	ن	ا	غ	ا	إ	ة	ض	ا	ا	خ	ن	غ	س
ل	غ	ر	ز	ث	ش	ط	و	ب	ظ	س	ر	ق	ك	ل	ا
م	خ	ا	ا	ؤ	ل	ن	م	ل	ة	ة	ة	غ	غ	د	خ
ج	ة	ش	ع	ر	ث	و	ع	ئ	غ	د	ه	ز	ي	ي	ى
ت	ل	ت	ح	ي	ق	ن	ك	ث	ي	ه	ا	ق	ج	ح	ض
ع	ن	س	أ	ف	ة	ل	ا	د	ع	ا	ز	ض	ز	ك	م
ا	ي	م	خ	س	س	ح	ا	ع	ج	ع	ن	و	س	و	د
و	ح	م	ل	إ	ق	ن	ل	ا	غ	م	ل	ذ	آ	م	خ
ن	ر	ر	ا	غ	أ	ق	ي	آ	ع	ر	ا	ى	ق	ة	ة
ث	غ	ب	ق	ظ	د	م	إ	ن	س	ا	ن	ي	ق	ح	ن
ن	ن	ذ	ئ	ض	ذ	ق	ن	د	ب	ل	و	م	ا	س	ي
إ	ك	ك	ت	ج	إ	ظ	ث	س	ض	ك	ذ	ل	ب	خ	ف

مستشار
السفارة
سفير
المواطنون
نزاع
دبلوماسي
نقاش
أخلاق
ملة
عدالة

إنساني
النزاهة
حل
سياسة
حكومة
القرار
تعاون
اللغات
أمن
معاهدة

17 - Astronomie

ع	ض	ا	إ	س	ة	ة	ض	ق	آ	ج	ض	ش	ل	ل	ؤ
ق	ة	ز	ى	ق	ي	ص	ع	ن	ع	آ	د	غ	ص	ا	ح
ا	ى	ض	آ	ؤ	ب	ظ	ذ	ث	ش	ب	م	ر	ص	د	ئ
ذ	ئ	آ	ج	و	ذ	ف	ط	ئ	آ	ل	غ	م	ف	ت	ز
س	د	ي	م	ل	ا	ع	ل	ب	ن	ذ	م	ق	س	ع	ح
ا	ل	ب	ر	و	ج	ة	ب	ك	و	ك	إ	ض	ظ	ا	ع
ر	ا	ئ	د	ف	ض	ا	ء	و	ي	ل	ش	ت	د	ل	ؤ
ي	ك	ح	ى	ض	إ	ز	ق	ك	ش	ع	ع	ب	غ	ا	م
ة	ج	ب	ف	إ	ض	ج	ئ	ط	و	ب	ا	ر	ق	م	ؤ
ج	ح	ن	ب	آ	ى	ي	ب	ك	ظ	ط	ع	إ	ع	ي	ب
ص	ا	ر	و	خ	ئ	ن	ك	ؤ	خ	ن	س	ك	ز	ت	غ
ع	ز	ئ	ت	ك	ل	ز	ي	ق	ف	ج	أ	ئ	ا	ط	ظ
ع	ز	س	ل	ل	ق	ث	و	ز	ن	م	ر	غ	ع	ل	ش
ك	ى	ع	ت	غ	م	ي	ك	ث	ك	س	ض	ط	ت	ط	ض
ؤ	غ	آ	ت	ة	ر	ض	ل	د	ل	ش	س	ف	ض	ي	ط
ص	ط	ن	ى	آ	غ	ة	ا	ل	ج	ز	ب	ك	ض	ز	ر

سديم
مرصد
كوكب
صاروخ
نجم
كوكبة
إشعاع
مقراب
كون
جاذبية

أرض
الكويكب
رائد فضاء
فلكي
البروج
الاعتدال
مذنب
عالم
قمر
نيزك

18 - Emoties

ة	ص	ب	ف	ش	ى	ث	ك	ز	ل	ا	ع	ي	ن	س	ح
ظ	خ	س	ة	ؤ	ى	ش	ض	خ	ل	ؤ	ق	ة	ز	ن	ر
ع	س	ض	ا	ر	ي	غ	ؤ	ه	د	ز	س	ل	ا	ر	م
و	إ	ؤ	ذ	ش	ف	ف	د	ج	ر	ح	م	ن	ج	ط	ا
م	ب	م	س	خ	و	و	ن	ة	ز	ظ	ؤ	ئ	ث	إ	ل
ل	ئ	ق	ئ	ؤ	ء	خ	ؤ	ذ	د	ك	ت	ح	ت	ش	س
ل	ب	خ	ح	ع	ى	ظ	ي	ز	ه	ؤ	ظ	ط	ف	ا	ح
ز	ظ	إ	ع	ش	آ	ف	ج	ك	د	ت	د	و	م	ق	ب
م	ك	آ	ث	ش	ح	ا	ت	ث	و	ت	ل	غ	ن	ز	ح
ف	م	ت	ع	ي	ؤ	د	ة	ل	ء	ل	ا	ض	ظ	ض	ط
ا	ا	ع	م	ز	ط	د	ج	م	ي	ل	م	ب	و	ح	ت
ج	ل	ف	ح	ع	ك	ث	ز	ص	ن	ت	ئ	ض	ن	ظ	ى
أ	ل	ع	ت	ر	ك	ا	ش	ع	ح	آ	ر	ة	ف	ح	ط
ة	ط	ئ	و	ب	ة	ض	ي	د	س	ن	ط	ت	ح	ج	ئ
ع	ف	ن	ى	ر	ك	م	ن	د	ع	د	ظ	آ	ت	آ	ج
ز	ؤ	غ	س	م	ح	ت	م	ئ	س	ح	ب	ر	ى	ن	آ

خوف
محرج
شاكر
حزن
النعيم
محتوى
هدوء
حب
متحمس
الهدوء

ميل
حنان
راض
مفاجأة
ملل
سلام
مرح
اللطف
غضب

19 - Vakantie #2

خ	م	ض	ا	ل	ت	ر	ف	ي	ه	ي	إ	إ	ئ	ف	ف
ي	ط	ة	ؤ	خ	ق	ح	ض	ئ	ح	آ	ر	ل	ا	ب	ر
م	ا	آ	م	ي	ض	ب	د	ف	ج	ض	ز	ح	ث	ت	ك
ة	ر	ة	ؤ	ط	م	ط	ف	و	ج	ه	ة	ث	ن	خ	ق
ذ	ج	ض	م	ل	ع	ط	ا	ت	ل	ا	ف	غ	ؤ	ز	ط
و	ت	خ	ي	ي	م	م	ح	د	ا	و	ن	ق	ن	ف	آ
ش	ض	م	إ	ع	ط	ل	ة	ت	ت	ك	ض	ط	س	ش	ص
ى	ي	د	ى	م	آ	ة	ؤ	إ	ا	ز	س	ع	ص	ج	ر
غ	ع	ذ	ث	خ	ى	ئ	ر	س	ظ	ذ	ث	ي	ح	ا	خ
آ	د	أ	ى	ؤ	ة	ر	ج	ز	ف	إ	خ	ح	م	غ	ق
ة	ط	ج	ش	ق	ة	خ	و	ث	ح	م	ع	ط	ف	ل	ا
ج	ة	ن	ف	ن	د	ق	ا	غ	ت	ج	خ	ض	ض	ق	ص
ث	ئ	ب	ر	ح	ل	ة	ز	ا	ل	ن	ق	ل	د	ط	ز
ة	ط	ي	ر	خ	ئ	ؤ	س	ح	ا	ط	ئ	ر	ق	ا	ب
س	ا	ب	ط	ز	ص	ر	ف	ت	أ	ش	ي	ر	ة	ر	م
ي	ش	ز	آ	ر	ح	ة	ر	ي	ز	ج	ج	د	ع	و	و

وجهة
أجنبي
جزيرة
فندق
خريطة
تخييم
مطار
جواز سفر
رحلة
التحفظات

مطعم
شاطئ
تاكسي
خيمة
قطار
عطلة
النقل
تأشيرة
الترفيه
بحر

20 - Weersomstandigheden

و	ج	م	ل	ض	ث	ي	غ	ظ	ذ	ذ	ص	ك	ى	ي	ف
ة	ن	ط	ص	ش	ب	ع	ح	خ	ؤ	ط	ل	ش	ذ	ج	ي
ر	ا	ص	ع	إ	ز	ي	إ	و	ؤ	ص	ى	ا	ا	ف	ض
ا	س	ب	د	د	ش	ع	ز	غ	ب	ا	ث	ل	ذ	ظ	ا
ر	ل	ق	ذ	آ	ل	ك	ج	ف	ا	ف	ج	ص	ي	ع	ن
ح	ؤ	غ	ق	و	س	ق	ز	ح	ب	ا	ل	ق	ص	آ	و
ل	ع	ث	ل	خ	ؤ	ئ	ك	ي	ض	ج	ي	ب	ط	م	آ
ا	ن	م	ئ	ا	غ	ت	ك	ر	ل	ى	د	ر	ط	ب	ض
ة	ت	م	ث	ن	ف	ة	ى	ء	ا	م	س	ق	آ	ر	ي
ج	د	ل	ا	م	س	ا	ض	ث	ع	ا	ص	ف	ة	ت	ص
ر	و	ض	س	ئ	غ	خ	ل	س	ح	ا	ب	ة	س	ؤ	د
د	ج	د	ت	إ	ر	ك	ب	ج	ر	ذ	ئ	ض	ؤ	ث	ص
ع	ر	ي	و	ر	ط	إ	ث	س	و	ب	ي	ز	ل	إ	ظ
ر	ر	ؤ	ا	ل	ب	ت	ق	ث	ث	ي	ب	ا	غ	س	ح
ل	ج	ص	ئ	ح	ن	ج	ع	ة	ا	ى	ج	ش	ص	س	ؤ
ا	ض	غ	ي	إ	ة	ي	ق	ع	ن	ت	ؤ	ا	ة	ح	ش

الغلاف الجوي
غائم
برق
الرعد
جاف
جفاف
سماء
جليد
مناخ
الضباب

فيضان
قطبي
قوس قزح
عاصفة
درجة الحرارة
إعصار
استوائي
رطب
ريح
سحابة

21 - Eten #2

ط	ب	ا	ذ	ن	ج	ا	ن	م	ل	و	ي	ج	ر	ن	م
ك	م	س	ط	م	ض	ل	س	ج	ى	ة	ض	ي	ب	إ	ط
ز	خ	ا	ذ	ن	و	ت	ى	ج	ظ	ج	ئ	ل	ن	ن	س
م	و	ز	ط	د	ظ	ى	ع	ط	ى	ى	ط	ك	ع	ف	ر
خ	خ	ت	ك	م	ز	ق	و	ز	ل	ي	ن	و	ج	ذ	ك
ج	ن	ن	ظ	ك	آ	م	ط	ح	إ	و	ل	ر	غ	ف	ئ
د	ة	ح	ظ	ي	ئ	ح	ا	ف	ت	ر	ز	ب	ج	ن	ؤ
ج	ث	ض	ن	و	أ	ن	ا	ن	ا	س	ة	ض	ط	ض	ح
ا	د	غ	ر	ي	ز	ن	خ	ل	ا	م	ح	ل	غ	ش	ج
ج	آ	خ	آ	د	ع	ي	ن	ظ	ذ	ح	ا	د	ض	ق	ظ
خ	ب	ز	ظ	ا	ذ	س	ث	ل	ج	ى	ج	ث	ن	ق	ش
و	ض	م	ى	ب	د	و	ى	ز	ن	غ	خ	إ	ي	خ	غ
خ	ط	ن	د	ز	ؤ	ع	ئ	ص	ي	ى	ب	ى	ث	ر	ل
ج	م	ح	آ	ت	خ	خ	غ	ؤ	ظ	ص	د	ة	ر	م	ئ
ث	ف	غ	ة	ب	آ	م	ش	ص	غ	ب	غ	ز	أ	ر	ز
ر	س	ؤ	ة	إ	ل	د	ث	ى	ش	ن	ه	ل	ي	و	ن

لوز
أناناس
تفاح
هليون
باذنجان
موز
بروكلي
خبز
عنب
بيضة

لحم الخنزير
جبن
دجاج
كيوي
خوخ
أرز
قمح
طماطم
سمك
زبادي

22 - Restaurant #1

ل	س	ر	ط	ة	و	ل	ن	ا	د	ل	ة	إ	و	ن	م
ت	س	ط	ش	ز	ج	ح	ي	ي	ط	ض	ق	إ	ا	خ	ق
ن	ي	ك	س	ذ	ة	م	ئ	ا	ق	ن	ى	ا	ص	ص	ع
ا	خ	ش	إ	إ	ي	ص	ؤ	ئ	ر	ى	ز	ز	ي	ئ	ع
و	ب	ك	ف	ي	س	ظ	ل	ص	ر	ا	ف	ط	ع	ا	م
ل	ط	و	س	ط	ا	ئ	ر	ص	ت	ت	س	ت	ت	م	ئ
ا	م	ح	ط	ع	س	ي	د	ط	آ	ل	ع	ل	ل	ث	ي
ل	ك	ث	د	ب	ح	م	ي	س	ة	ت	ع	ت	ح	ع	ل
ط	و	ج	ج	ي	ظ	ذ	ص	و	ة	خ	ز	ظ	ت	ة	و
ع	ن	ط	ا	ك	ط	ص	ل	ض	ح	ح	ي	ح	ل	و	ى
ا	ا	ب	ج	ف	ك	و	ك	ك	إ	ف	و	ك	ط	ه	خ
م	ت	ق	م	ذ	ن	ع	ظ	ذ	ظ	ا	ع	ط	و	ق	ج
م	ن	د	ي	ل	و	ا	آ	إ	د	ب	و	ق	خ	ؤ	ج
ذ	خ	ى	ح	ش	خ	ء	ح	ا	ر	غ	ح	ض	خ	ن	ط
ا	ا	ب	غ	ر	ة	و	ل	ك	ز	ل	م	ج	س	ة	ع
ب	ا	ح	ز	ة	م	ح	ف	د	ص	ؤ	غ	ث	ة	م	ج

حساسية
طبق
خبز
لتناول الطعام
مكونات
صراف
مطبخ
دجاج
قهوة
وعاء

قائمة
سكين
حار
حجز
صلصة
نادلة
منديل
حلوى
لحم
طعام

23 - Geologie

ع	س	م	ب	ح	ج	ط	غ	ك	ع	ض	ط	ش	ب	ر	ت
ض	م	ح	ر	ف	غ	ذ	ي	ة	ى	ق	م	م	ح	ل	ا
ؤ	و	ن	ك	ر	م	ض	ئ	ب	ص	ش	س	ؤ	ل	ح	ر
آ	ك	ظ	ا	ي	ن	ا	ج	ر	م	ل	ا	ؤ	م	ت	و
ك	ط	ؤ	ن	ة	د	ظ	ج	ع	آ	ل	ئ	ص	ح	إ	ل
س	ة	ع	ا	ض	ا	ح	ة	ج	ى	ج	ج	ة	ى	ف	ب
ض	ج	ش	خ	ظ	ع	و	ج	ط	إ	د	غ	ل	غ	ت	ط
ق	ز	ب	س	م	م	س	ة	ت	م	إ	ث	ن	آ	ح	ب
ن	ش	ل	ث	ل	ل	ر	غ	ف	ن	ا	ت	ا	ق	إ	ق
ر	ض	إ	آ	ق	ا	م	ض	ق	ط	ج	ى	ا	ط	ف	ة
ى	و	ر	م	ق	و	إ	ؤ	غ	ق	ش	ر	ة	ب	ض	ه
ر	و	ي	ر	ل	و	آ	ث	ع	ة	ة	ز	ا	ط	إ	ن
ث	ع	ن	ت	ت	إ	ن	ن	م	و	ي	س	ل	ك	ل	ا
آ	ئ	ن	د	آ	ر	ط	ج	ا	س	ف	خ	ح	ط	ظ	خ
ف	ي	د	ئ	ك	ه	ف	ذ	ت	ك	ن	آ	إ	ق	ؤ	ل
إ	ط	ز	ا	ل	ل	ا	ز	ل	ز	م	غ	ت	ح	ث	ك

زلزال	مرو
الكلسيوم	طبقة
قارة	الحمم
تآكل	المعادن
حفرية	هضبة
سخان	حجر
مولتن	بركان
كهف	منطقة
المرجان	ملح
بلورات	حمض

24 - Specerijen

ث	د	ا	ر	ا	ؤ	ف	ش	ن	ك	ه	ة	ر	ج	ز	ت
ر	غ	ق	ك	ل	إ	ش	ا	د	ظ	ؤ	ذ	ا	و	ع	غ
م	ل	ؤ	ة	ي	ر	ا	ك	ن	د	ئ	ج	ل	ز	ف	ع
ة	ن	ظ	ك	ا	ظ	ج	ذ	ط	ي	ى	ج	ح	ة	ر	ف
ا	ب	ص	ل	ن	ط	ن	ض	ى	ز	ل	ن	ل	ا	ا	س
ي	ل	ز	ح	س	ك	غ	ك	ح	ف	ا	ح	ب	ل	ن	ث
ف	ح	ق	ش	و	ش	ث	ز	ة	و	ب	ز	ة	ط	ط	د
ئ	ل	ط	ر	ن	د	خ	ب	ك	ث	ا	ن	ت	ي	آ	د
خ	ك	ف	غ	ن	غ	ح	ر	ح	ك	ل	ج	ب	ب	آ	ك
د	م	ط	ل	ح	ف	ع	ة	ز	ش	ه	ب	ح	ج	ا	خ
ط	ة	ن	ك	أ	ط	ل	ض	ؤ	ض	ا	ي	ق	ر	ف	ة
آ	ر	ط	ق	ش	ح	س	ؤ	ة	خ	ل	ل	ن	ج	س	م
ح	ك	م	و	ن	ل	ا	م	ل	ش	م	ر	ة	غ	ط	ة
ل	ز	و	و	ذ	م	إ	ر	ظ	س	د	ص	ض	ل	ا	إ
و	و	ث	م	ت	م	د	ئ	ئ	ى	خ	ح	ؤ	ش	ض	ئ
و	ظ	ح	ر	ى	ع	إ	ص	س	ر	ف	د	ط	ض	آ	د

اليانسون
مر
الحلبة
زنجبيل
قرفة
حب الهال
كاري
ثوم
كمون
كزبرة

القرنفل
جوزة الطيب
فلفل أحمر
زعفران
نكهة
بصل
فانيلا
الشمرة
حلو
ملح

25 - Groenten

ذ	ء	ا	ل	ز	ا	ب	ب	ك	ف	ق	غ	ذ	ج	ر	ق
ر	ؤ	ى	ص	ث	ي	ح	ك	ج	ز	ر	ح	ج	ز	ح	ع
ص	ى	ى	ب	ث	ذ	ت	ف	ل	ز	غ	إ	آ	س	م	د
ة	آ	ش	ح	ض	و	ا	و	س	ف	ر	ك	ف	ج	ل	إ
ب	ر	و	ك	ل	ي	م	خ	ن	س	ا	ل	ك	ر	ا	ث
د	ك	آ	ث	ق	ط	ط	ر	و	ب	ز	ض	ت	د	ع	ت
ئ	ص	ز	ئ	ن	ح	ا	ش	د	ا	ن	ة	ك	ك	ت	ى
ض	ئ	ض	ي	ظ	خ	م	و	ق	ن	ج	ن	ذ	ن	غ	ز
ؤ	ؤ	ؤ	ة	ة	ب	ط	ف	ب	خ	ب	ظ	ظ	ت	م	ر
ث	ئ	ذ	ة	م	ض	إ	ج	ئ	ب	ي	ل	ع	ؤ	س	و
م	آ	ي	ق	ط	ي	ن	ي	ي	ا	ل	غ	ت	غ	ك	د
س	و	د	آ	ق	ل	ئ	ن	و	ذ	ة	ى	ئ	س	ف	إ
ط	ق	غ	ف	ا	ا	س	ف	ر	ن	غ	ى	ف	ت	ط	ر
و	ر	غ	ي	ى	خ	ي	ا	ر	ج	ع	ث	ح	ز	ر	ت
ئ	إ	ك	آ	ج	غ	إ	ؤ	ذ	ا	خ	ل	ث	ذ	س	ق
ش	ة	ز	ا	ث	و	خ	ؤ	ش	ن	ا	و	ى	ص	ن	خ

خرشوف
باذنجان
بروكلي
بازلاء
زنجبيل
ثوم
خيار
زيتون
فطر
بقدونس

يقطين
لفت
فجل
سلطة
كرفس
الكراث
سبانخ
طماطم
بصل
جزر

26 - Archeologie

خ ق ك م ل ك م ض ى س م ث خ ح م ا
ف غ ى ة ا ش ع ز س د ث و س ل ي ل
ي ؤ ر ب ب ج ؤ ح و ط ش م ن س ي ك
م ة ر ا ض ح ل ا و ب س ى ش ز ق ا
ع إ ث ل ق ن ظ ع ق ش خ ر ح ن ت ئ
ب ك غ ا ل ن ت ا ئ ج ض ك ف إ ن ن
د ز س ح ف ر ي ة ف ك ي ب ئ إ ي ا
ز ث ح ا ب ا ل ر د م و ض ذ ؤ آ ت
ع ؤ ى إ ع ة ي م س ز ك ب ف ا ق ا
م ظ ؤ ث ص ق ل ش ذ ا ث ئ ل ز ط غ
ز م ي ف ر ك ح م آ و ح ي ر ن ؤ م
ر غ ق ت أ س ت ا ذ ع ز آ س ص آ ى
ج س ب ا ز ح ف ظ ي ة د ل ب و ر ت
ز ي ر ت غ ن ل ع ف و ر ع م ر ي غ
ز ع ط ز ة ظ ئ ش ش ظ ت ة خ ة ب ج
غ ع ئ آ ي و ص ئ ج ش ص ت ط ث خ ي

تحليل
الحضارة
النتائج
عظام
خبير
تقييم
حفرية
فتات
قبر
لغز

سليل
الكائنات
غير معروف
باحث
أستاذ
بقايا
فريق
معبد
عصر
منسي

27 - Dans

ز	ط	إ	إ	ت	آ	ظ	ث	م	ز	ت	ف	ؤ	إ	ف	ت
ف	ؤ	ي	ر	ص	ب	ح	ر	م	ف	ص	ؤ	خ	ي	ك	ط
ع	س	ف	ج	ح	ك	ر	آ	خ	ر	ف	ث	ى	ق	إ	ح
س	ذ	ل	و	ئ	ل	ي	د	ج	ط	ئ	ق	ة	ا	ع	ر
ا	ل	ك	و	ر	ي	غ	ر	ا	ف	ي	ا	ا	ع	ا	ك
ش	م	و	ئ	د	ك	إ	ج	ظ	س	ش	ف	ل	ل	ط	ة
ر	ن	ض	ي	ى	ي	ب	ر	و	ف	ة	ي	م	ل	ف	ث
ي	و	ل	ق	ب	س	ر	م	د	ف	م	ط	و	ذ	ة	ج
ك	ق	ا	ى	ز	ا	ل	ص	ق	ح	ع	و	ق	ع	ر	ص
ت	ق	ؤ	د	إ	ل	ث	ظ	س	ف	ن	ث	ف	ب	ب	و
ش	ر	ث	ظ	ح	ك	آ	ط	ظ	ة	ق	ز	ف	و	ع	ى
ز	ح	م	ز	ر	ق	د	ف	ع	ا	ر	ذ	ش	ت	م	إ
ن	ف	ز	ف	ق	خ	ن	ص	ف	ي	ع	ن	ر	ز	ض	س
س	إ	ك	ا	ث	ر	غ	ة	ة	غ	ت	ح	ى	س	ل	د
ف	ن	ش	ز	ع	إ	ة	ي	م	ي	د	ا	ك	أ	ل	ا
آ	ى	ا	ر	د	ظ	ط	د	ث	ث	ث	ك	ا	ا	ة	ة

كلاسيكي
فن
جثة
موسيقى
شريك
بروفة
إيقاع
قفز
تقليدي
بصري

الأكاديمية
حركة
مرح
الكوريغرافيا
ثقافي
ثقافة
عاطفة
معبرة
نعمة
الموقف

28 - Ziekte

إ	ث	ك	س	ا	ؤ	ص	ئ	آ	ك	د	غ	ب	ذ	ب	د
ت	ب	ظ	س	آ	د	ة	ل	ق	ش	إ	ح	د	ش	ك	ب
ة	ن	ا	إ	ز	ذ	ث	ع	ؤ	غ	ص	ل	ق	ث	ت	ى
ي	آ	د	ش	م	ث	ي	ظ	ص	خ	ح	ف	ج	ا	ي	ة
س	س	ذ	ز	ر	م	ا	ز	ؤ	ل	ت	ش	ش	ك	ر	ي
ا	ل	ص	ح	ة	ث	ج	ى	ل	ل	ط	و	ب	ة	ي	م
س	ح	ث	ي	ر	ا	ب	و	ا	غ	ص	ع	ي	م	ز	ق
ح	د	د	ي	د	ش	ى	ر	ي	ئ	ذ	ن	ي	م	ئ	ف
ل	آ	د	ث	ا	ل	ح	ص	ا	ن	ة	ط	ن	ر	ا	ظ
ا	ع	ظ	ا	م	ط	ت	ن	ف	س	ي	ب	ع	خ	ب	ز
م	س	ة	ر	ج	و	ج	د	ث	ف	ث	ل	ذ	ى	خ	ئ
ط	ض	ب	و	ل	ء	ص	ض	ح	ت	ا	ا	آ	ش	ن	ت
ا	ع	ة	م	ز	ا	ل	ت	م	ج	ر	د	ل	ذ	ص	ب
ب	ي	ث	ش	و	ف	ى	ق	ش	ؤ	و	ج	ي	ن	ط	ق
ش	ف	ظ	ح	د	ش	ذ	د	ط	ق	ل	ب	ا	ج	إ	ن
ح	ق	ش	ت	ذ	ج	ا	ل	ت	ه	ا	ب	ئ	إ	ؤ	ق

شديد
تنفسي
الحساسية
بكتيري
معدي
عظام
البطن
مزمن
وراثي
الوراثية

شفاء
الصحة
قلب
الحصانة
قطني
جثة
التهاب
متلازمة
علاج
ضعيف

29 - Mythologie

أ	ب	ح	ة	خ	س	ظ	ن	ب	ا	ذ	ت	غ	س	ف	ش
س	ة	ك	ق	ب	ث	ب	إ	ش	ص	ن	ض	ز	ص	و	م
ط	ن	ؤ	آ	ب	ن	د	ش	ق	ى	ظ	ع	ع	ذ	ئ	ض
و	ن	ذ	ث	ا	د	ع	ر	ث	ك	ش	ؤ	غ	ة	و	ف
ر	ي	خ	و	و	ث	و	ع	آ	ث	ئ	ل	ج	ظ	ف	ع
ة	ه	ا	ت	م	ق	خ	ل	ق	ع	ت	ص	غ	ز	ن	خ
و	ل	ع	ى	ط	ا	ق	ط	خ	م	خ	ل	و	ق	ر	ؤ
ق	ج	ى	ن	ز	ف	ى	ب	ح	خ	ض	ز	ح	ز	ى	ب
م	إ	ى	ع	ف	ة	ث	ر	ا	ك	ظ	ع	س	ز	ر	ب
ط	ح	ص	ب	د	ى	ة	خ	ل	ب	ط	ل	ة	ع	م	ي
ت	ط	ا	ب	ر	ق	ئ	ف	غ	ا	ل	س	م	ا	ء	د
إ	إ	ر	ر	ج	ظ	ط	ت	ي	م	م	ق	ا	ز	ق	ز
ل	ى	غ	ي	ب	ث	ض	ع	ر	ر	ح	ق	ق	إ	ث	ر
م	ض	ي	م	ا	ؤ	ش	ؤ	ة	ص	ح	ؤ	ت	م	ز	ث
س	آ	و	س	ل	و	ك	ط	ع	س	د	س	ن	غ	خ	خ
خ	م	غ	و	س	ح	ر	ل	ب	ذ	ح	ر	ا	ة	ع	ش

برق
خلق
ثقافة
رعد
متاهة
سلوك
بطل
بطلة
السماء
الغيرة

قوة
محارب
أسطورة
سحري
مسخ
خلود
كارثة
مميت
مخلوق
انتقام

30 - Eten #1

م ع ص آ ح س ث ر س ح ل ل ى ك إ ي
ح ل م ش ي ش و ط ب ص ل ي م و ن ح
ض ط ل ع و ؤ م ا ر ذ ر ث ع ق غ ة
ن ؤ ز ي غ ط ص ئ ث ي ر م ص ص آ ش
ز ر ق ر ف ة س ش ح ى ك ز ي ش م ق
ظ ع ص ة ن و ت ا ط ق س ة ر و ن د
ر ن إ د ج ي ن ك ر ص ل س ر ن غ ك
ن ق ض إ ت س ذ ؤ ل ك ا ن س غ ث آ
غ ؤ ظ و ذ ب ع خ ي ظ ل ئ ل ث ث ل
ح ئ ف ح ل ا ؤ غ ة ص ح إ ط ؤ ث ئ
س ق ر ل ح ن ا ك ط ع ئ ط ة م ظ ط
ا ش ا ي م خ ر م ث ن خ ى ر ج ش ق
ء ة و ب ق ى س ن ل إ ا و ئ ط ه ن
ج ة ل ر ؤ ت غ ن ق ا و ق و و ط ن
ز ب ة خ ى ج ئ ل ر ة ل ذ ة ؤ ص ن
ر ش م ش م ح ف غ ق ن ط ن ا م ؤ ن

فراولة
مشمش
ريحان
ليمون
شعير
قرفة
ثوم
قهوة
حليب
كمثرى

سلطة
عصير
حساء
سبانخ
السكر
تونة
بصل
لحم
جزر
ملح

31 - Avontuur

ا	ط	غ	ع	ع	ن	ز	ر	س	ط	ظ	ق	ل	ظ	ي	ش
ن	ل	س	آ	ك	ش	ت	ش	ة	ب	ب	ل	ج	ى	ص	آ
ح	ؤ	ن	ت	ب	ش	ث	ذ	م	ن	د	ي	د	ج	ل	ا
ر	ز	ش	ظ	ؤ	س	ر	ت	آ	ف	آ	د	ع	ز	و	ط
ا	غ	ا	ا	ل	م	ل	ا	ح	ة	ؤ	ا	غ	ة	ط	م
ف	ي	ط	ا	ل	ت	ح	د	ي	ا	ت	ع	د	س	ط	ز
م	ش	ج	ا	ع	ة	ث	ن	ؤ	خ	ص	ر	ا	غ	ذ	ؤ
ف	ف	ش	ق	ا	ص	ح	ا	ب	ط	ث	ي	ل	ا	م	ج
ا	ل	م	ش	ج	ك	ذ	إ	و	ي	ف	غ	س	ر	د	ح
ج	ت	ح	ض	ي	ر	ل	ز	ن	ر	ص	ص	ف	ا	د	ؤ
أ	و	ف	ر	ص	ة	ل	ئ	إ	ن	ش	ع	ر	ؤ	م	ج
ة	آ	ص	خ	س	ه	غ	ي	ز	ف	ر	و	ع	ة	ق	ح
غ	ق	ع	ث	ؤ	ج	ظ	ح	ن	م	أ	ب	غ	س	خ	غ
ل	ل	د	ق	ا	و	ط	ق	م	ى	ر	ة	إ	ث	ث	د
د	ؤ	ج	ف	ط	ش	ظ	ص	ث	ا	ت	ح	م	ذ	ظ	ت
ت	ج	ط	ي	ذ	ئ	ث	خ	ي	ذ	خ	خ	ى	ح	ة	س

نشاط
وجهة
حماس
انحراف
خطير
فرصة
شجاعة
صعوبة
طبيعة
الملاحة

الجديد
غير عادي
السفر
جمال
التحديات
أمن
مفاجأة
تحضير
مرح
اصحاب

32 - Restaurant #2

ت	آ	ذ	ظ	س	ك	ى	غ	ب	خ	ح	س	ا	ء	ظ	ص
ح	و	د	ز	ف	ط	ك	د	ج	غ	ض	ي	ب	ك	ف	ي
ب	د	س	ز	ئ	خ	ة	ا	ؤ	م	ي	ر	ض	ئ	ئ	ئ
ة	ة	ع	ع	ا	ر	ف	ء	آ	ض	ل	ع	و	ك	ى	ئ
ت	ن	خ	ظ	ئ	ك	ط	ؤ	ي	آ	د	ع	ء	ا	ش	ع
ت	و	ا	ب	ل	م	ل	ح	ح	ل	ا	ق	ق	ز	ت	ذ
ؤ	ر	آ	ا	ز	د	إ	ج	س	و	ن	ك	آ	ة	ة	ل
م	ك	م	س	ل	ل	ش	إ	س	ك	ل	ة	ى	ه	ج	م
ا	ع	و	ذ	آ	ك	ؤ	ف	ز	خ	ا	ث	ب	ك	س	ا
ى	م	ؤ	ف	ا	ا	ن	و	ك	ح	ؤ	ظ	ؤ	ا	ع	ء
ظ	ل	ة	د	ذ	ل	ر	ظ	ج	خ	ؤ	م	ن	ف	ة	غ
ى	ا	ي	ك	ي	ك	غ	ر	ز	ؤ	ؤ	ج	ئ	ل	ك	ئ
ض	ق	ك	ك	ذ	ل	ى	د	ر	ز	ئ	ى	ر	و	ي	آ
ظ	ز	ر	ت	ل	ق	ج	غ	ئ	ؤ	غ	ر	ط	ؤ	آ	خ
ا	ى	س	ط	ا	س	ل	ط	ة	ك	و	ش	ث	ع	ا	ب
ك	د	ي	م	ش	ر	و	ب	ي	ي	ل	ض	ئ	ض	ج	ب

كيك
عشاء
مشروب
بيض
فاكهة
خضروات
لذيذ
جليد
ملعقة
غداء

المعكرونة
النادل
سلطة
حساء
توابل
كرسي
سمك
شوكة
ماء
ملح

33 - De Media

ت	ل	ط	ز	ت	ا	م	ي	ل	ع	ت	ق	ى	س	إ	ع
ا	ل	ح	غ	ض	ق	ص	ح	خ	ي	غ	ئ	ي	ح	ر	ل
ر	ل	ف	ص	ن	ا	ع	ة	ل	ت	ج	ا	ر	ي	ش	ى
أ	ي	ص	ز	ا	إ	س	ي	ز	ي	س	ق	ا	ف	ب	ا
ي	و	ق	ح	ي	م	ق	ر	ح	ج	آ	ح	د	ف	ك	ل
ا	م	ك	ل	ف	و	ك	ك	ح	غ	ؤ	ح	ص	ر	ة	ش
ن	ت	ك	ث	ق	ئ	ن	ف	ن	ل	ع	ي	إ	د	ا	ب
ف	ل	ؤ	ة	ا	ي	ث	ل	ك	د	ق	ي	ل	ة	ل	ك
ث	ا	ض	ئ	و	ض	و	ا	ة	ؤ	آ	ز	ا	خ	ا	ة
ع	ض	ط	د	م	ا	ل	م	ج	ل	ا	ت	ر	ل	ت	خ
ؤ	ع	ح	ظ	ل	خ	ج	ل	ى	ة	ج	س	ت	ع	ص	ا
إ	ح	ج	ض	ا	آ	ة	خ	ض	ي	ر	ع	ا	م	ا	إ
ا	ا	ل	ا	ت	ص	ا	ل	ا	ت	ا	ش	ر	ة	ل	ص
ج	خ	ث	س	ح	و	ث	ث	ج	غ	د	خ	ق	ض	ش	إ
ف	ث	ج	ط	و	س	ر	ة	ص	ج	ي	ى	إ	ح	ق	ث
ط	ل	غ	ع	ظ	ع	غ	و	ي	ق	و	ا	س	ن	ي	ؤ

الصحف
محلي
رأي
شبكة الاتصال
تعليم
على الشبكة
عام
راديو
تلفزيون
المجلات

تجاري
الاتصالات
رقمي
الإصدار
حقائق
التمويل
المواقف
فرد
صناعة
الفكرية

34 - Bijen

ل	ق	ا	ح	ا	آ	ث	ن	ف	ظ	ل	ح	م	ف	ة	خ
آ	ر	ع	ى	ل	ح	ف	ا	ك	ه	ة	ع	س	ل	ق	س
ئ	غ	ي	ش	ن	ن	س	ب	ذ	ص	ذ	ر	ض	غ	ض	ل
ك	ش	ئ	ض	ظ	س	غ	و	ل	د	ى	و	د	ي	ف	م
ح	خ	ب	ق	ا	م	ل	ك	ة	ج	ز	ه	ر	خ	ق	ث
و	ش	آ	إ	م	ش	ا	ف	و	ك	غ	ز	س	ؤ	ا	إ
ث	س	ر	غ	ا	ط	ض	ع	و	ن	ت	ل	ر	ب	ح	ن
ة	ذ	ث	ة	ل	ق	ل	ث	ط	ط	غ	ا	ب	ذ	ي	ف
غ	أ	ن	ص	ب	ب	ؤ	ي	آ	ذ	ث	إ	ر	م	ؤ	ض
ز	ج	ؤ	ش	ي	خ	ت	ا	ح	ق	ل	م	ل	ا	آ	ي
ب	ن	ر	ؤ	ئ	آ	و	ض	د	ش	م	ع	ى	س	ث	ث
ز	ح	س	ص	ي	م	ى	ذ	ي	س	ز	ج	س	خ	ا	ئ
ص	ة	م	ك	ن	ع	ا	ن	ق	ا	ل	م	و	ئ	ل	ا
س	ي	ؤ	ى	غ	ل	م	د	ة	إ	آ	ي	ص	آ	ى	غ
ظ	ل	ذ	ب	ظ	د	ف	ؤ	د	د	ش	ك	و	ر	ج	ت
ث	خ	ص	ق	ؤ	ذ	ئ	غ	ص	ك	غ	ع	ن	ل	ذ	ف

ملكة
دخان
لقاح
حديقة
أجنحة
طعام
مفيد
شمع
شمس
سرب

الملقحات
خلية
الزهور
زهر
تنوع
النظام البيئي
فاكهة
الموئل
عسل
حشرة

35 - Wandelen

ث	ح	ق	ن	ؤ	آ	ا	ت	ج	ا	ه	ف	ل	د	ر	و
ق	ظ	إ	س	م	ش	م	د	ل	ا	ل	غ	ع	آ	ز	ف
ي	ر	ي	ض	ح	ت	د	ح	ؤ	ل	ر	ض	ط	ل	ب	ج
ل	ى	آ	ث	ر	ش	ي	ح	ب	م	غ	م	ذ	ر	م	د
ذ	ذ	ص	ة	إ	و	ة	ر	ع	خ	ض	س	ة	ؤ	ث	ش
ئ	ث	ث	غ	ا	ن	ي	ؤ	ت	ا	ط	إ	ؤ	و	ح	ض
ت	ر	ق	ن	ل	ئ	ج	ب	م	ط	ي	آ	و	ي	م	ق
د	ن	ا	ض	و	ع	ب	ل	ا	ر	ث	ض	ئ	ن	ب	ف
ن	ت	ي	ل	آ	ش	ء	ا	م	ف	ط	ك	ن	ض	ظ	ة
و	ز	إ	ع	ش	ش	ث	ج	ق	ى	ق	آ	و	ف	ي	ش
ط	ق	و	ح	ل	ؤ	ف	ر	ؤ	ن	ئ	ؤ	ز	ذ	س	و
و	ل	ة	ط	ي	ر	خ	ف	ة	ر	ا	ج	ح	ل	ا	ق
ح	ل	ا	ا	ر	م	ى	ع	ي	ؤ	د	ت	خ	ي	ي	م
د	ض	ذ	آ	ح	ع	ي	ق	ذ	خ	ح	ق	ا	ظ	ؤ	ة
ب	ل	ل	آ	ق	ب	ذ	ي	ح	خ	ل	ك	ن	غ	ف	ذ
د	ص	خ	ع	ط	ب	ض	غ	أ	ع	ا	م	م	ر	ك	ل

جبل
الحيوانات
المخاطر
خريطة
تخييم
جرف
مناخ
أحذية
متعب
البعوض

طبيعة
اتجاه
الحدائق
الحجارة
قمة
تحضير
ماء
بري
شمس
ثقيل

36 - Ecologie

ا ا آ ك ت ف ب ا ك ة س ص ة ة إ ر
ل ل ا ى ت ط ب ي ع ة ي ر ح ب ل ا
م ن ل ي ا ب ظ ف ش ف س ر ن م ر و
ت ب أ ن ز ث ك س ش ن غ ب ي ث ك ه
ط ا ن ب م ا د ت س م ا ت ع و ن ا
و ت و ت س ب ل ح ج ت ل ئ و م ل ا
ع ي ا ك ى ا ش ق ا ظ ط ت ع آ س ز
و ة ع ط ف ظ ض ت ج ط ل ح ن ج ة ذ
ن ش س و ر ش ع غ خ ش ك ز ئ ل ص ش
م ظ م ن ح ط ك ي ئ آ ش إ و ذ إ ق
ج س خ خ ؤ ج ك ث م ي ع ي ب ط ح ة
ت ف ض ر ح ب م ث ث و ش ف ا ف ج م
م غ ي م ل ا ع ا ن ا ح ز ا ذ ن غ
ع ل ى ث خ غ إ ت ؤ آ ن خ ت ا ي ط
ا ت ا ن ا و ي ح ل ا ض ت خ ة ئ ة
ت ي ب ك ت م ل ا ب ج ل ا ة ا ج ن

البحرية
اهوار
طبيعة
طبيعي
نجاة
نباتات
الأنواع
نوع
نبت
المتطوعون
الجبال
تنوع
جفاف
مستدام
الحيوانات
النباتية
مجتمعات
عالمي
الموئل
مناخ

37 - Biologie

ع	ط	ق	ا	ر	ن	ي	ن	ج	ض	ا	ن	ت	م	ص	و
آ	ص	ف	ح	ا	و	ز	ل	ا	ح	ظ	ؤ	خ	ك	ط	ل
د	د	ب	ر	و	م	إ	و	ف	ز	ل	ؤ	ب	ى	ا	غ
ى	ي	و	و	ة	ر	ا	ز	ط	ا	ؤ	ع	ي	ف	ك	ئ
ج	ئ	ش	ط	ن	ه	إ	ش	ب	آ	ك	خ	ج	ل	ئ	س
ن	ز	و	ت	ي	ة	ص	ح	ي	ر	ش	ت	ل	م	ة	س
ر	ت	ئ	غ	ت	ذ	غ	ؤ	ع	ب	ك	ت	ي	ر	ي	ا
ك	ح	ى	ظ	و	ن	إ	ج	ي	ا	ل	م	ش	ب	ك	إ
خ	ب	ل	ز	ر	ض	ق	ف	ذ	آ	د	ي	ر	ص	و	ح
م	آ	غ	ا	ب	ا	ل	ث	د	ي	ي	ا	ت	ش	ح	ع
ع	ص	ب	ل	ن	ر	خ	ح	ت	و	ح	ل	ث	س	ط	ع
ج	ص	ث	ت	ى	آ	ا	ذ	ا	ط	ر	ذ	م	ب	ف	ر
ظ	ى	ئ	ن	إ	ح	ن	ي	ج	ا	ل	و	ك	ل	ا	ض
ر	ح	خ	ف	م	خ	ز	ظ	ج	ذ	آ	ص	ط	ى	ا	ث
ج	م	س	س	ز	ة	ي	ل	خ	ن	ظ	ى	ز	ي	م	خ
ع	ا	ئ	ئ	ح	ب	م	و	س	و	م	و	ر	ك	إ	ت

التنفس
تشريح
بكتيريا
خلية
كروموسوم
الكولاجين
بروتين
جنين
انزيم
تطور

هرمون
طفرة
طبيعي
عصبون
تناضج
الزواحف
تكافل
المشبك
عصب
الثدييات

38 - Landen #1

ق ث ق ش ع ا ش غ إ ن ي ة خ ؤ د ش
ز ط ك أ ل ا غ ن س ل ا م ك ل ن ي
ب آ ا ل إ ك ي ب ا ي و ا ض ا ذ ل
ع د ل م ق ش ذ ب د د غ ل آ ح ظ ي
و ؤ ي ا ك ئ ظ و ن ا ا ع ر ئ ئ ب
ذ ط ب ن ش ي ب ؤ ل ك ر ر د إ ز ك
ا ط ي ي ى م ذ ب و ي ا ا ر ؤ ة ن
ل ص ا ا ك آ ر ظ ب ج ك ق ش خ آ د
ن ك إ س ر ا ئ ي ل ل ي ا ؤ د ع ا
ر ج ق ت ز ن د ا ج ب ن د ل ش ا غ
و ن إ ي ط ا ل ي ا س ص ئ ك ص ي غ
ي م ل ؤ ة م ة ن ؤ ا ة ص ا م ن ب
ج ر ص م غ ف ر ا ط ذ ا ر ب ض ا ث
س ئ ف ر ق ع ة م ر ح إ ف ذ ى ب ك
ض ز ب ك ص ش ج و ن ي ش ك آ س س ت
ا ي ف ت ا ل ز ر ش ع آ ح ذ ص إ ة

بلجيكا
البرازيل
كمبوديا
كندا
شيلي
ألمانيا
مصر
العراق
إسرائيل
إيطاليا

لاتفيا
ليبيا
المغرب
نيكاراغوا
النرويج
بنما
بولندا
رومانيا
السنغال
إسبانيا

39 - Installaties

ب	س	ر	س	ع	إ	ظ	ز	ت	ي	ى	ا	س	ا	ث	ث
خ	آ	ت	ش	ش	ؤ	ا	ز	ذ	ن	ش	ي	و	ك	ا	ث
غ	ا	ب	ة	ب	ذ	ل	ه	ى	ي	غ	ا	ب	ي	ر	ي
أ	إ	ن	ح	د	ئ	ن	ر	ذ	ج	ش	غ	ز	و	ا	ح
ف	و	ب	م	ا	ب	ب	ة	آ	ؤ	ي	ج	ذ	ة	ب	ح
ك	ا	ر	ؤ	م	ث	ا	ى	ث	ذ	ص	ؤ	د	ع	ص	د
ف	ز	ص	ا	س	ج	ت	ا	ب	ن	ل	ا	م	ل	ع	ي
ة	ه	آ	و	ق	ث	ي	ا	د	ت	ن	ل	ن	ع	ئ	ق
ا	ر	ؤ	س	ل	ا	ة	غ	ر	ص	ث	و	ر	ق	ة	ة
م	ض	ج	س	ض	ي	ل	إ	ك	ش	إ	ن	ح	ظ	و	ط
ظ	ي	ذ	ش	آ	ل	ا	ش	ث	ف	د	و	خ	ق	ذ	ش
ؤ	ج	ش	س	خ	ر	ى	آ	ج	م	غ	ط	ح	ل	ب	ذ
ض	ن	ف	ش	ع	ت	غ	ق	ح	ر	ص	ث	ظ	ن	ع	ح
ل	ب	ل	ا	ب	ع	خ	ر	ب	ع	غ	ط	ط	ظ	ج	ل
ض	س	خ	س	غ	خ	و	س	و	ى	ط	ل	ك	ز	إ	ك
س	ن	ق	ة	آ	ث	ن	آ	ش	ث	ث	ؤ	ب	غ	ن	غ

أوراق الشجر
لبلاب
عشب
سماد
طحلب
علم النبات
بوش
حديقة
نبت
جذر

بامبو
بيري
ورقة
زهرة
زهر
شجرة
فاصوليا
غابة
صبار
النباتية

40 - Agronomie

ت	ج	ب	ظ	ر	ح	ف	ا	ن	ا	ض	ش	ه	ذ	خ	ش
ر	ث	ر	ث	إ	ث	و	ث	آ	ع	ي	خ	و	ج	ث	د
ق	ذ	ظ	ص	ف	آ	ث	ك	ق	ب	آ	ؤ	ي	و	ض	ع
ع	ض	م	ك	ؤ	ى	ق	ظ	ى	ي	ا	ر	ة	ة	د	ج
ز	ا	ة	د	ض	ة	ل	خ	خ	ئ	ب	ز	ك	و	ط	خ
ل	ر	و	ذ	ب	د	ا	م	س	ة	ظ	ا	ع	ف	ى	ظ
ط	م	ا	د	ت	س	م	ل	ع	ف	ق	ف	ن	خ	ب	ؤ
ف	أ	ج	ع	ت	آ	ك	ل	ت	ئ	ا	ؤ	م	ع	إ	ل
خ	ل	ؤ	ؤ	ة	ق	ا	ط	ا	ل	ي	م	و	ل	ن	م
م	ا	ؤ	ي	م	ل	غ	ظ	غ	ؤ	و	ا	ن	م	ت	ظ
خ	ك	ا	و	ظ	ب	ب	ح	ا	ع	ر	ث	م	ا	ا	ص
ج	ض	ر	ض	ن	ض	س	ص	ث	ؤ	ق	ح	ا	ل	ج	ى
ك	ا	ر	ن	أ	ل	ا	ئ	ا	ظ	ى	ب	ء	ب	ج	ق
س	ؤ	ج	و	ل	ز	ث	م	ن	ت	ج	ب	د	ي	ئ	س
ؤ	س	ض	إ	ا	ح	ؤ	م	ش	ظ	ؤ	ع	آ	ئ	ظ	ي
ى	ظ	س	غ	ر	ت	ح	خ	آ	إ	غ	ة	ش	ة	ف	ص

مستدام
علم البيئة
طاقة
تآكل
نمو
خضروات
هوية
زراعة
قروي
سماد

بيئة
بحث
عضوي
إنتاج
الأنظمة
التلوث
ماء
علم
بذور
الأمراض

41 - Oceaan

ظ	ث	أ	ز	ى	ك	ي	س	ش	ي	س	ق	ن	ذ	آ	ش
خ	ي	م	ك	ت	ة	ق	ك	ر	ش	ي	ظ	ى	آ	إ	ع
ح	ط	و	ي	ف	ع	ض	غ	ق	ط	ة	ئ	ب	ب	ق	ل
د	خ	ا	ؤ	س	ت	ر	ح	ب	ل	ا	ل	ي	د	ن	ق
س	و	ج	إ	ح	ب	ى	ل	ر	ة	ف	ن	ك	د	ا	خ
ر	ن	ل	ي	غ	آ	ف	م	ا	ا	ح	ش	ب	ة	ب	ث
ر	ي	ج	ف	م	ا	ح	ق	ق	ل	ل	ة	إ	ج	ع	ل
ز	ج	ك	ا	ي	ق	ش	ة	ك	م	س	ح	ب	ئ	ث	ب
ج	ج	ط	خ	ض	ن	د	ش	ة	ر	ل	ر	ج	ك	آ	ت
إ	ذ	م	غ	ز	م	ع	ى	ب	ج	ن	ف	س	إ	ئ	ض
ت	ل	و	ب	ة	ع	م	ص	ز	ا	ن	ط	ذ	د	ب	ش
م	ح	ا	ر	ر	م	ظ	ر	ى	ن	أ	خ	ط	ب	و	ط
ح	و	ت	ة	ح	ي	ا	ل	ط	ح	ا	ل	ب	ب	ج	ئ
ا	ل	م	د	و	ا	ل	ج	ز	ر	ق	خ	ة	ح	ر	ط
ن	ئ	ى	ى	ز	ش	ع	ث	ص	ا	ط	إ	د	س	ض	ح
ت	و	ن	ة	ف	ص	ا	ع	ص	ي	و	ن	ح	خ	ن	ى

ثعبان
الطحالب
قارب
دولفين
جمبري
المد والجزر
أمواج
قرش
المرجان
سرطان

قنديل البحر
أخطبوط
محار
سلحفاة
إسفنج
عاصفة
تونة
سمك
حوت
ملح

42 - Landen #2

ذ	ط	ا	خ	ي	ع	س	ج	ا	إ	ث	ج	د	ر	م	آ
إ	ح	ض	ع	ن	م	ذ	ر	ط	م	غ	ذ	د	و	ص	ى
ن	ص	د	آ	ي	و	م	ؤ	م	ا	ل	م	ك	س	ي	ك
د	ك	ز	ا	ب	ا	د	ن	ل	ر	ي	أ	و	ي	ص	ج
و	ي	ى	ظ	ا	س	ا	أ	ث	ي	و	ب	ي	ا	ش	و
ن	ن	ر	خ	ل	ن	د	ى	ؤ	ا	ي	ر	ي	ب	ي	ل
ي	ي	ا	غ	ب	ر	ن	ث	ض	م	آ	ح	ى	ض	ص	ث
س	ا	ل	ل	ف	ف	غ	د	ك	ر	ا	م	ن	د	ل	ا
ي	ك	ي	ل	ا	م	و	ص	ل	ا	ل	غ	س	ج	ا	ا
ا	ي	ا	خ	ش	س	أ	ر	ؤ	ك	ش	غ	ب	ي	ل	ن
آ	ذ	ب	ك	د	ر	ز	ى	ا	ي	ر	و	س	ي	ي	ق
م	ك	ا	إ	ي	ؤ	خ	ذ	ظ	ب	ز	ن	و	ج	ل	ز
ب	ش	ن	ظ	ذ	ج	ع	س	و	ا	ل	ن	ي	ذ	ز	و
ي	ا	ئ	ج	ي	ة	ظ	م	غ	ق	ا	ر	و	ش	إ	ث
ل	ب	و	ذ	أ	و	ك	ر	ا	ن	ي	ا	خ	ط	ح	خ
ا	ي	ز	ي	ل	ا	م	ئ	ؤ	ا	د	ج	ئ	ى	ة	ط

الدنمارك
أثيوبيا
فرنسا
اليونان
أيرلندا
إندونيسيا
اليابان
كينيا
لاوس
لبنان
ليبيريا
ماليزيا
المكسيك
نيبال
نيجيريا
أوغندا
أوكرانيا
روسيا
الصومال
سوريا

43 - Bloemen

د	ا	ش	ل	ا	آ	ط	ع	ا	ا	ت	ؤ	ل	ا	ج	ف
ح	ي	ح	ف	ل	ذ	ض	ك	ل	ذ	ل	ق	و	ك	ط	د
ي	ن	ز	ص	ك	ر	ؤ	ق	ه	م	ر	خ	ن	آ	غ	ؤ
غ	ا	إ	ي	ر	ز	د	ع	ن	ظ	ش	ص	ش	ض	ف	س
س	و	خ	ر	ك	ه	ل	خ	د	ت	د	إ	م	خ	ث	ن
ج	ا	ز	ب	د	ر	غ	آ	ب	ي	ل	و	ت	ث	ا	ئ
م	ف	ا	ل	ي	ة	غ	خ	ا	ا	ل	ب	ت	ل	ة	ش
ا	ل	م	ا	ه	ا	ل	ق	ء	ا	ج	غ	ل	ن	غ	ب
غ	ا	ى	س	ا	ل	ن	ج	ا	ر	د	ي	ن	ي	ا	ل
ن	ع	ة	ج	ل	ع	ض	ف	ر	آ	ض	ر	م	م	غ	و
و	ث	آ	ر	س	ا	غ	ط	ل	ي	و	إ	ل	س	ت	م
ل	ي	آ	ن	ح	ط	ب	ا	ق	ة	أ	ز	ه	ا	ر	ي
ي	ى	ط	ل	ل	ف	ج	ا	ب	ج	ظ	ج	ئ	ي	ش	ر
ا	ذ	ع	ا	ب	ة	ث	ي	ن	و	ة	ك	ة	ك	ز	ي
آ	و	س	ى	ت	ض	ش	ع	ز	ى	و	د	ذ	ع	س	ا
ع	ب	ا	د	ا	ل	ش	م	س	ح	غ	ص	و	ر	د	ة

النرجس البري
السحلب
الهندباء
الخشخاش
زهرة العاطفة
الفاوانيا
بلوميريا
وردة
توليب
عباد الشمس

البتلة
باقة أزهار
جاردينيا
الكركديه
ياسمين
نفل
خزامى
زنبق
ديزي
ماغنوليا

44 - Landschappen

ع	ن	ب	ت	ؤ	ع	ب	ت	ر	غ	ج	ر	ر	م	ؤ	ة
ع	ه	د	ن	ك	ر	ح	ل	ف	ئ	ب	ن	ل	ب	و	م
ش	ر	ك	د	ر	ك	ي	ك	ق	ظ	ل	ا	ل	ش	ل	ظ
ح	ب	ض	ر	ح	ب	ر	س	ه	خ	ج	ع	ص	إ	ة	ا
ق	س	ه	ا	د	ث	ة	ز	ة	ف	ل	ق	ح	ض	ر	ك
ض	ف	ف	ج	ا	آ	ع	ض	آ	م	ي	ن	ر	ي	ح	ش
ص	ن	ى	ذ	ز	ش	س	خ	ا	ن	د	ت	ا	س	ض	إ
ط	ر	ع	ظ	ف	ي	ض	ز	ك	ا	س	س	ء	ل	ش	ر
خ	ث	غ	ط	ة	د	ر	ز	إ	ك	ذ	م	ى	ع	إ	ئ
ف	ش	ى	د	س	ا	ش	ة	م	ر	ت	ث	ى	ص	ص	د
ئ	ق	ذ	ش	ط	و	ل	ل	ر	ب	د	ل	إ	ت	آ	ظ
ج	ب	ل	ا	ة	ح	ض	م	خ	ي	ؤ	ج	و	ا	ح	ة
ع	ط	آ	ط	ع	د	ث	ح	ب	ز	ز	ة	ظ	ؤ	ش	ص
ط	إ	ق	ئ	ج	ق	ي	ي	ر	ي	د	ج	ث	د	و	ا
ن	ب	ل	خ	ر	ط	ة	ط	ض	ص	ع	ظ	س	ض	ن	ظ
ؤ	ك	م	س	ف	ن	ث	ي	ع	خ	ي	خ	س	ى	ل	ئ

جبل
جزيرة
سخان
مثلجة
كهف
تل
جبل جليد
بحيرة
مستنقع
واحة
محيط
نهر
شبه جزيرة
شاطئ
تندرا
وادي
بركان
شلال
صحراء
بحر

45 - Tuin

ع	ش	ب	ب	ض	ب	ب	ض	ط	د	ف	س	ي	ظ	ر	خ
ف	ص	ب	إ	س	ذ	و	خ	خ	ح	ض	ح	ي	ق	م	ق
د	و	إ	ى	ف	ت	ش	ض	إ	ط	ن	إ	و	ا	ش	ز
ى	ظ	ص	إ	إ	ى	ا	ث	ى	ك	ر	م	ة	و	ج	ه
آ	ث	ا	س	ب	ي	ت	ن	ق	ض	ؤ	ئ	ظ	ر	ف	ر
د	ط	م	خ	س	ن	ل	ي	ى	ف	خ	ح	ذ	ا	ع	ة
آ	ض	ج	ز	ص	ض	س	ل	خ	م	ص	ة	ع	ن	ص	ر
ق	ط	ئ	س	ز	م	خ	و	ر	ذ	ئ	ك	ذ	ل	م	ج
ذ	ص	آ	س	ن	غ	ة	ب	ط	ص	م	غ	ج	ا	ئ	ش
ن	م	ك	ز	ج	ب	ح	م	و	ر	ظ	ق	ا	ل	ة	ن
س	و	ج	ر	ط	إ	و	ا	م	ب	س	ن	د	ع	ق	م
ب	ر	ك	ة	ا	آ	ج	ر	و	خ	ص	ل	ا	ش	ي	م
ي	ن	ث	ق	ا	ج	ر	ت	س	د	ى	إ	ى	أ	د	ج
م	ذ	ب	ا	ش	ع	أ	ل	ا	آ	ض	ج	ر	ض	ح	ر
د	ؤ	و	ث	ف	ح	غ	ا	س	ف	ع	ش	ل	ش	ظ	ف
س	و	ئ	ك	ج	خ	ث	ي	ي	ت	ر	ى	ق	ث	م	ة

الصخور
مجرفة
خرطوم
بوش
مصطبة
الترامبولين
حديقة
رواق
بركة
كرمة

مقعد
زهرة
شجرة
بستان
كراج
عشب
أرجوحة
أشعل النار
سياج
الأعشاب

46 - Beroepen #2

ل	ر	ط	ؤ	ف	د	ه	ا	ن	م	ص	ط	ث	ي	آ	أ
ب	ا	م	ى	ق	ي	ف	ح	ص	د	ا	ب	ح	ف	ت	م
س	ئ	ح	س	ص	ن	ل	إ	ى	ؤ	ش	ي	ة	س	ص	ي
ت	د	ق	ا	ك	ك	م	س	ز	ظ	ج	ب	ط	ى	ض	ن
ا	ف	ق	ش	ل	غ	و	ي	و	أ	ح	ي	ا	ئ	ي	ا
ن	ض	ر	د	ج	ع	ر	خ	ظ	ف	ط	ي	ا	ر	ض	ل
ي	ا	ف	ص	ن	ا	و	ي	ح	ل	ا	م	ل	ا	ع	م
ط	ء	ذ	آ	ر	م	ص	ف	ذ	و	خ	ن	إ	ح	ف	ك
س	ب	ل	ذ	ر	ز	م	خ	ت	ر	ع	ف	غ	ئ	ج	ت
س	ئ	ي	ى	ر	ا	ل	ق	ط	ط	آ	ف	ر	ث	إ	ب
خ	ل	ش	ب	و	ر	ا	ط	خ	م	د	ب	ئ	ج	ي	ة
ب	ة	ب	ك	أ	ع	ا	م	ج	ح	ز	ج	د	خ	ت	ذ
ا	م	د	ر	س	س	غ	ؤ	ه	ب	آ	ر	ي	و	ج	ض
ح	ة	ا	ص	ط	خ	ن	ف	ط	ن	ف	ا	ت	د	ز	ط
ث	ذ	ش	ذ	ئ	ؤ	ع	ا	ن	ز	د	ح	آ	ط	ح	ئ
ن	ع	ح	ض	س	ي	ن	ؤ	ن	ظ	ض	س	ا	ط	ي	د

طبيب
رائد فضاء
أمين المكتبة
أحيائي
مزارع
جراح
محقق
فيلسوف
المصور
مهندس

صحفي
مدرس
لغوي
باحث
طيار
دهان
طبيب أسنان
بستاني
مخترع
عالم الحيوان

47 - Dagen en Maanden

ذ	ف	س	ط	س	غ	أ	ر	ذ	ع	ؤ	ت	ئ	ق	ق	ح
ن	ب	ن	ض	ت	ك	و	ز	ذ	ص	ت	ض	آ	د	ا	ض
ف	ر	ة	ف	ا	ق	ذ	د	ى	ة	ب	ظ	ا	ح	م	ر
ى	ا	ه	خ	ل	م	غ	ص	ظ	ع	و	ب	س	أ	س	ط
ن	ي	و	ش	س	ا	ض	ث	ؤ	م	ظ	ل	س	ل	ح	ا
و	ر	ع	ذ	ب	ئ	ل	ح	إ	ج	غ	ك	ر	ا	د	ز
ف	ر	ر	ز	ت	ص	ث	أ	ا	ل	ث	ل	ا	ث	ا	ء
م	ت	د	آ	ة	ذ	ع	ا	ر	ا	ل	خ	م	ي	س	د
ب	ش	ق	ا	ن	م	ي	ل	ب	ب	ح	ض	ص	ى	ص	س
ر	ك	د	و	ط	ظ	و	ا	م	ن	ع	ط	ل	ظ	د	ف
ي	و	ئ	ر	ي	ق	ل	ث	ت	ش	ك	ا	م	و	ث	ق
ا	ظ	ي	ب	ت	م	ي	ن	ب	ئ	ض	ش	ء	د	ذ	ك
ن	ى	ش	و	ي	ن	و	ي	س	ز	ك	ش	ذ	ض	إ	خ
ي	ع	ؤ	ت	ر	ة	ج	ن	ف	ز	ث	ف	غ	آ	غ	ط
ي	ب	ب	ك	ع	ل	ق	ج	م	ث	ع	ل	ؤ	إ	ق	ن
ت	ج	ة	أ	ي	ة	ا	ا	ش	ش	ف	د	ث	س	ش	ئ

أغسطس
الثلاثاء
الخميس
فبراير
سنة
يناير
يوليو
يونيو
تقويم
شهر

الاثنين
مارس
نوفمبر
أكتوبر
سبتمبر
الجمعة
أسبوع
الأربعاء
السبت
الأحد

48 - Tuinieren

د	س	ف	آ	ر	ص	ع	ظ	ن	ا	ت	س	ب	ن	ظ	م
ظ	ظ	د	ا	م	س	ن	ت	ك	ة	غ	ر	ي	ب	ل	ط
ح	ت	و	ط	ز	آ	ب	و	ا	ل	أ	ن	و	ا	ع	د
آ	خ	ا	ة	ط	م	ر	ي	ك	ئ	ل	ا	ز	ت	ت	ي
ى	إ	ش	ح	ئ	ق	ش	أ	ن	ش	ض	ب	م	ي	ت	ف
ا	ق	ز	ذ	ة	ى	ل	س	ت	خ	ر	ط	و	م	آ	ك
ة	ب	و	ط	ر	ل	ر	ر	خ	ا	ق	ن	ث	س	ر	خ
و	ج	ص	خ	ح	آ	ب	ئ	آ	ن	ك	ص	ق	و	ج	ط
ي	ح	خ	ل	م	ة	م	ذ	ص	م	ل	ط	ب	م	ش	ز
ؤ	ض	ا	ط	ا	ج	ز	ر	ه	ز	ب	ا	ر	ت	ل	ا
ل	ص	ط	ض	ء	ر	ا	ه	ز	أ	ة	ق	ا	ب	ا	ئ
ن	ي	ا	ث	ل	و	ظ	و	غ	ي	ر	و	ذ	ب	ق	م
و	ر	ا	ه	ز	أ	ل	ا	ل	و	س	ح	ذ	س	ا	ح
ع	ا	ن	ت	و	ل	غ	ث	خ	ث	ز	ؤ	ش	ئ	ر	ئ
ا	ض	ل	آ	ت	إ	ط	غ	ي	إ	ب	ص	س	ط	و	ا
ء	ش	س	ض	آ	ص	ز	ح	ط	ص	ت	ح	ذ	آ	أ	ئ

ورقة
الأزهار
زهر
تربة
باقة أزهار
بستان
نباتي
سماد
وعاء
صالح للأكل

غريب
أوراق الشجر
مناخ
موسمي
خرطوم
الأنواع
رطوبة
التراب
ماء
بذور

49 - Menselijk Lichaam

إ	ح	إ	ث	ى	ئ	ح	ئ	ز	ذ	ن	ع	إ	ك	ت	ف
ن	ا	س	ل	ر	ذ	س	ظ	ف	إ	ش	ظ	ص	ش	ك	م
ذ	ن	د	ط	ب	ف	خ	ف	د	ي	ع	م	ب	ع	إ	ث
أ	ش	و	ب	غ	ض	ذ	ذ	ل	ص	ب	س	ع	ث	ة	س
س	غ	ر	ك	ب	ة	ث	خ	ي	ص	ك	ت	ؤ	ش	ت	م
ق	ي	ف	ق	ل	ب	ذ	ع	س	ص	ز	ل	ك	ث	ص	ذ
ذ	ز	ن	ا	س	ق	ب	ى	ز	ى	ب	ى	ع	ي	د	ج
ك	ز	آ	ض	ن	ر	و	ط	ؤ	ن	ص	و	ل	ب	آ	آ
ة	د	ع	م	ل	ا	غ	ا	ة	آ	ك	إ	س	ت	ت	ص
د	س	ف	ع	ز	ؤ	ر	ز	ظ	ا	ج	ب	ي	ب	د	ح
م	ش	ل	ث	ة	ب	خ	ث	ح	ز	إ	د	ل	ج	ك	ف
ز	ج	ط	ة	ف	ج	و	ل	ا	ت	ن	د	ث	ث	ص	ح
ن	ذ	ط	م	ي	و	ت	ى	ن	أ	ت	س	ر	ي	ط	ص
س	ي	ئ	ر	ئ	م	ص	ن	ر	ن	ض	ص	غ	ا	م	د
ئ	ع	ك	ث	ظ	ن	ث	ة	ج	ف	ج	م	ز	ص	ض	ذ
ز	ة	ل	ش	ذ	ز	ي	غ	ل	د	ح	ظ	ث	ص	ص	س

ذقن
ركبة
المعدة
فم
رقبة
أنف
أذن
كتف
لسان
إصبع

رجل
دم
كوع
كاحل
يد
قلب
دماغ
رئيس
جلد
فك

50 - Energie

ك	ر	ح	م	ن	ن	ز	ب	و	ك	ظ	ب	ص	ج	د	ا
ه	ئ	ي	ر	ة	ا	ؤ	ت	ش	ق	ر	ا	ظ	ظ	ي	د
ر	ق	ر	آ	ؤ	ى	ج	ط	ى	ة	ا	ب	ت	ق	ز	ق
ب	ل	غ	ظ	ص	ك	ئ	ث	م	م	خ	ز	و	ذ	ل	ا
ا	إ	ل	ك	ت	ر	و	ن	ص	ب	ب	ئ	ز	ن	ر	ب
ئ	ب	ن	ز	ي	ن	ئ	ظ	ة	ر	ا	ر	ح	و	إ	ل
ي	ل	ع	ر	د	ا	ق	ر	ي	غ	ج	ز	م	ت	ن	ل
ع	ب	ف	ذ	غ	خ	د	د	ر	و	ا	إ	ل	و	ا	ل
ا	ل	ت	و	ر	ب	ي	ن	ا	ت	و	آ	خ	ف	ر	ت
و	ق	و	د	ب	ف	ب	ي	ط	ض	و	ن	ة	غ	ى	ج
ر	ش	ج	ل	ر	ط	ج	ج	ب	ا	ل	ت	ل	و	ث	د
ق	خ	ط	غ	ل	ث	ز	و	ل	ص	ى	خ	ش	ذ	ؤ	ي
ج	س	ز	غ	ل	ي	ر	ر	ا	ف	ن	و	ت	ر	ع	د
ر	ض	ة	ظ	ئ	آ	ث	د	ط	ر	ر	ا	ك	خ	آ	ز
ث	ك	ل	ل	ق	ث	ظ	ي	ب	ي	ئ	ة	ع	ث	ى	د
ت	ح	ق	ت	ى	ؤ	ا	ه	ز	ذ	ع	ف	ص	ة	م	ح

البطارية
بنزين
وقود
ديزل
كهربائي
إلكترون
غير قادر علي
فوتون
قابل للتجديد
صناعة

كربون
محرك
نووي
بيئة
بخار
التوربينات
التلوث
حرارة
هيدروجين
ريح

51 - Familie

ع	خ	ا	ع	ز	خ	إ	ك	م	ر	ا	ت	إ	آ	آ	و
ح	ن	ل	ح	ف	ي	د	ك	ر	س	ب	ض	ى	ؤ	ة	ي
ذ	س	أ	ر	ش	ز	ر	آ	ح	ق	ن	خ	ف	ع	ش	ي
ح	ط	ب	أ	س	ج	ب	و	ل	ى	أ	ش	ق	ي	ق	ك
ح	ز	آ	غ	ش	ف	ق	ص	ة	ا	خ	ق	ئ	ر	ع	ر
ق	ش	ض	ت	أ	م	غ	ت	ا	ص	ف	ج	ئ	و	ق	ب
ت	و	ت	و	أ	م	ا	ن	ل	ص	ن	ط	ت	ق	خ	و
و	ق	م	خ	ص	ر	ي	ا	ط	ك	آ	ذ	أ	ع	خ	س
ث	آ	ش	و	أ	ع	إ	س	ف	ا	ك	ؤ	ب	ل	ة	ك
ط	ظ	ة	ى	ق	ز	ح	م	و	ل	ظ	ج	ى	ث	ا	ص
ذ	د	ش	ظ	ئ	آ	ط	ز	ل	ع	ا	ل	ج	ق	ر	ع
د	و	ط	ث	ا	ب	ن	ة	ة	م	ع	ث	ب	إ	ف	ف
د	ع	ع	ك	ي	إ	ب	د	ط	ج	ى	ي	ي	ؤ	ص	د
س	و	ش	و	ك	ز	ن	ج	ب	ج	و	ز	ل	ا	إ	ع
ل	ش	غ	ظ	ب	ؤ	ظ	خ	م	د	س	ز	س	ط	ف	ل
ف	ي	ب	ل	ي	ص	إ	ح	س	م	ئ	ي	خ	ئ	ن	ي

شقيق
ابنة
جدة
مرحلة الطفولة
طفل
الأطفال
حفيد
الزوج
أم
ابن أخ

العم
جد
عمة
توأمان
أب
الأب
سلف
زوجة
أخت

52 - Gebouwen

ج	ؤ	ق	ش	د	ح	ق	ا	م	ش	ق	ة	ع	ر	ز	م
ف	ط	م	ث	ح	ي	م	ل	د	ا	ت	ع	ق	د	ن	ف
غ	ى	ح	ج	ط	ن	ل	م	ر	ي	إ	ل	خ	ى	س	ح
غ	ذ	ث	و	ي	ى	ل	ق	س	ذ	خ	ق	آ	ش	س	ت
ب	ح	ب	س	ك	ف	ن	ص	ة	ؤ	م	ئ	ق	ب	ك	م
ش	ت	و	ف	ش	ش	آ	و	ر	ح	ص	ى	خ	غ	ق	ج
خ	خ	ن	م	خ	ت	ب	ر	ي	ق	ظ	ي	و	ل	ا	ئ
خ	ي	ط	س	آ	س	خ	ة	ظ	ئ	ق	آ	ب	م	ح	ر
ى	م	ح	خ	ؤ	م	س	ر	ح	ر	ط	ا	ع	و	د	ئ
ب	ة	ص	و	ك	ق	ن	ا	د	ؤ	ج	ة	ع	ن	ص	م
ع	ن	خ	غ	ع	ي	ا	ف	ا	ي	خ	ع	ت	ط	ر	ة
ض	ب	د	ش	ش	ئ	ر	س	ز	م	و	ق	ر	س	م	ي
ة	ل	ن	ظ	د	خ	ش	ل	ن	ض	ر	ج	ا	ظ	ك	ب
م	ن	ط	ش	ك	ف	م	ا	ج	ث	م	ل	ع	ب	و	ة
ة	ج	ك	ا	ر	ز	ل	س	و	ب	ر	م	ا	ر	ك	ت
آ	ي	ذ	آ	ي	ص	ي	غ	ة	ص	ة	و	و	ج	د	ي

مرصد
مدرسة
حظيرة
ملعب
سوبر ماركت
خيمة
مسرح
برج
جامعة
مستشفى

السفارة
شقة
سينما
مزرعة
المقصورة
مصنع
فندق
قلعة
مختبر
متحف

53 - Kunst

ج	د	إ	ع	ر	ص	ئ	ج	ع	م	ا	إ	ز	ي	م	ح
ا	ل	ن	ح	ت	ل	ث	ج	ش	ش	د	إ	د	د	ر	ص
ز	م	ر	ث	خ	ض	ر	ي	و	ص	ت	م	ظ	ظ	ك	م
م	ك	ب	إ	ئ	ن	ي	ا	ص	ا	د	ق	و	ظ	ب	ج
ق	أ	ص	ل	ي	ف	ب	م	ل	ص	ى	ث	س	ض	ة	ط
ح	ش	د	ح	ك	ج	ع	ب	ح	س	ل	ك	ز	و	و	ن
د	ت	ع	ز	ظ	ش	ت	ر	ث	و	ر	ط	ن	ع	ح	ع
ح	ص	ش	ع	ر	ل	ل	ص	ت	ف	ئ	ي	ص	خ	ش	ة
د	ن	ا	آ	ث	ل	ا	ا	س	ط	ر	س	ا	ع	ي	ض
س	ي	ر	ا	م	ي	ك	م	ا	و	ط	ب	ن	ل	ص	ب
ض	و	ش	ع	خ	ر	خ	د	ا	ذ	ن	ة	خ	ظ	ي	ب
ش	ك	ع	إ	ؤ	ص	ع	ش	ة	ؤ	ش	ت	س	ز	د	ة
خ	ت	ل	ف	غ	ب	ل	ف	ن	ع	ص	ج	ا	ل	إ	س
ئ	ع	د	س	ي	و	ة	ؤ	و	ت	ض	ك	ى	ؤ	ذ	ؤ
ل	و	ح	ا	ت	ظ	ش	إ	ج	ل	ئ	د	ل	ف	ض	ظ
ش	ب	ض	ض	د	و	ع	ض	ز	ع	و	ف	ب	ث	ح	غ

النحت
مركب
بسيط
صادق
الشكل
ربما
مزاج
سيراميك
موضوع
أصلي

شخصي
شعر
تصوير
تكوين
لوحات
السريالية
رمز
التعبير
بصري

54 - Beroepen #1

ع	ى	ج	ض	ن	ث	م	ع	ل	م	ا	ل	ن	ف	س	ن
ا	ج	ي	ر	إ	غ	ح	ة	ص	ق	ا	ر	ك	ف	ظ	ص
ل	ت	و	ذ	س	ث	ا	ب	ي	ة	ك	ت	س	خ	د	ي
م	ب	ل	ظ	ث	ا	م	ؤ	د	ص	م	ب	ب	آ	ت	ا
ج	ا	و	ن	ص	ة	م	ن	ل	خ	غ	ئ	ا	ص	ث	د
ي	إ	ج	ع	د	ف	ؤ	خ	ي	خ	خ	ن	ك	ل	ش	ع
ش	ن	ي	إ	ا	ت	م	س	ر	س	ط	ش	ي	ر	ذ	ط
ى	ك	ف	ؤ	م	ز	ض	غ	خ	ا	ؤ	ص	ؤ	ح	م	غ
خ	ؤ	ر	ئ	و	ؤ	ف	ت	ي	ن	ئ	ظ	ت	ؤ	آ	ؤ
آ	ط	ص	إ	ط	ة	ث	ا	ت	ر	ل	ط	ز	ح	آ	ت
و	ظ	م	ء	ا	ف	ط	ا	ل	ا	ل	ا	ج	ر	ذ	ب
ر	ي	ع	ظ	ع	ط	ب	ي	ب	ب	ح	غ	ح	ر	ق	ز
ر	ي	ف	س	ب	ا	ا	ك	ر	ن	ي	ف	ا	ئ	ش	ض
ح	ح	ا	ي	س	ط	ف	ل	ث	ع	ر	ا	ج	غ	د	ل
م	ز	ف	ض	آ	م	ش	ف	م	م	ر	ض	ن	م	ب	ص
ع	ئ	ي	ب	ي	ر	ط	ي	ب	ب	ي	ب	ط	و	ع	ف

محام
سفير
صيدلي
فلكي
رياضي
مصرفي
رجال الاطفاء
رسام خرائط
راقصة
طبيب بيطري

طبيب
محرر
جيولوجي
صياد
صائغ
سباك
عازف البيانو
علم النفس
ممرض
عالم

55 - Antarctica

ئ	ف	ص	د	ب	ث	س	ف	ش	ئ	ج	س	ل	ي	ص	د
خ	س	د	ا	ل	م	ع	ا	د	ن	إ	ل	ت	ك	خ	ن
م	ا	ء	ر	ب	ا	ح	ث	ض	س	ك	ئ	ي	س	ر	ض
ذ	ض	ل	ط	ج	ج	غ	ر	ا	ف	ي	ة	ا	د	ي	ج
خ	ع	ز	ض	ى	ة	ث	ز	خ	إ	م	ئ	ل	ط	ة	ئ
ز	م	ب	خ	ا	ت	ا	ج	إ	ت	ل	ي	ح	آ	ع	ذ
ى	غ	م	ئ	غ	ى	ج	ل	ق	ا	ع	ب	ف	ا	و	آ
إ	ش	ح	ذ	ة	إ	ة	ا	ح	ا	خ	و	ظ	ل	ئ	ي
ط	ب	و	غ	ر	ا	ف	ي	ا	ر	ر	ق	ر	أ	ط	ز
ف	خ	ل	ق	ي	ر	ا	ط	ب	ل	ا	ة	ذ	ن	ة	إ
خ	خ	ت	ر	ز	ع	ب	ة	م	ت	ي	ر	م	و	ش	ى
ؤ	ل	ي	ز	ج	ق	خ	ك	ئ	س	ي	ج	ة	ا	ر	ر
ب	ع	ى	د	ه	ك	و	إ	ص	ج	ؤ	ه	ذ	ع	ظ	آ
خ	ل	ي	ج	ب	ي	ح	ى	آ	س	ع	ى	ر	ق	ل	إ
ا	ظ	ظ	ة	ش	ط	خ	غ	آ	ا	ل	ب	ع	ث	ة	ذ
ن	آ	ن	و	س	ح	ا	ب	ئ	ة	ك	ف	ب	ز	ن	ع

خليج
الحفظ
قارة
الجزر
البعثة
جغرافية
جليد
هجرة
المعادن
بيئة

باحث
البطاريق
صخري
شبه جزيرة
الأنواع
درجة الحرارة
طبوغرافيا
ماء
علمي
سحاب

56 - Ballet

ا	ق	ض	ف	ي	ث	ف	و	م	ض	خ	ز	ل	د	ؤ	ى
ل	ا	ف	ن	ث	ن	ث	ة	ن	ر	ظ	ش	م	ش	ح	ج
ج	ع	ؤ	ي	ة	إ	م	ى	ف	ث	و	ل	ر	د	م	د
م	ث	ك	ى	ي	م	ه	ا	ر	ة	ح	ج	ع	ة	س	ظ
ه	ب	ك	ق	ن	ك	ع	س	د	ن	ن	إ	خ	ت	ص	ل
و	ر	ا	ي	ق	ك	خ	ض	ا	ي	غ	ك	ن	ف	ن	ن
ر	ع	ر	س	ت	ل	ق	ة	ف	ؤ	ي	ؤ	ن	ل	م	ض
ل	ك	ت	و	ح	ل	ت	ا	ل	ض	ع	ت	ؤ	ط	م	ك
ت	ج	س	م	ى	ث	ا	ث	ج	ظ	ب	ا	ز	ظ	ض	ر
ط	ق	ك	ة	ح	س	ز	ك	ث	غ	ح	ص	ش	ل	ن	ر
ؤ	ح	ر	ى	و	و	غ	ؤ	ل	ن	ز	ق	ي	ف	ص	ت
ب	ر	و	ف	ة	ر	ب	ع	م	ل	آ	ا	ؤ	ف	ز	ن
ج	و	أ	ى	ئ	د	ظ	س	إ	ز	ظ	ر	ف	ى	ت	آ
ذ	ج	ح	ت	ز	ل	س	غ	ة	س	ث	ل	ف	س	ت	ؤ
ح	ث	س	ل	ر	ا	ط	ع	ك	ئ	ع	ا	ذ	ش	ن	ع
ج	ش	ص	ك	ا	ي	ف	ا	ر	غ	ي	ر	و	ك	ل	ا

أوركسترا
الجمهور
بروفة
إيقاع
منفردا
عضلات
نمط
تقنية
مهارة

تصفيق
فني
الكوريغرافيا
ملحن
الراقصات
معبرة
لفتة
شدة
الدروس
موسيقى

57 - Fruit

ؤ	إ	ك	ا	ق	ع	آ	ؤ	م	ط	ش	م	ا	م	ي	ص
ث	ص	م	ن	ئ	ك	ف	ت	ع	ك	آ	ث	ش	ك	د	و
ؤ	م	ث	ض	م	و	ن	م	ع	ر	ر	م	إ	غ	خ	غ
ط	ت	ر	ئ	ح	م	ب	ت	ل	ز	ش	د	خ	ع	ن	ب
ك	ز	ى	ذ	ق	ن	ر	إ	ب	ص	إ	ث	خ	ف	ي	ذ
ق	ت	ة	غ	ز	ى	ت	ذ	ج	س	ن	ة	ز	ر	ت	ة
و	ع	ت	ذ	ر	ر	ق	ب	ج	غ	غ	ك	ي	ر	ى	و
ي	ك	ف	ش	أ	ث	ا	ة	ك	ص	د	ي	ئ	ق	خ	ؤ
ط	ح	ا	ش	ن	ث	ل	ق	ي	ل	ع	ل	ا	ت	و	ت
د	ع	ح	و	ا	ب	ي	و	ذ	ك	غ	ع	ي	ة	خ	ك
ع	ط	م	ا	ن	ج	و	ق	أ	ف	و	ك	ا	د	و	ج
ي	ي	ش	ز	ا	ح	ي	ر	إ	ض	د	ث	ب	ظ	ز	آ
ل	ح	و	ث	س	م	ك	ب	ل	ض	آ	ث	ا	ذ	ة	خ
غ	آ	ح	ئ	ئ	و	ي	ث	ش	ط	ض	ي	ب	ذ	ض	د
ى	ط	ى	ئ	غ	ز	خ	ع	د	ن	ه	ل	ا	ز	و	ج
ط	ر	س	م	ص	ض	خ	غ	و	إ	ذ	ا	ق	ق	د	ض

مشمش
أناناس
تفاح
أفوكادو
موز
بيري
ليمون
عنب
توت العليق
كرز

كيوي
جوز الهند
مانجو
شمام
برتقالي
بابايا
كمثرى
خوخ
برقوق
تين

58 - Engineering

د	ي	ب	ا	س	ح	ز	ج	ق	ض	آ	آ	م	ن	غ	ر
ز	ى	ة	ل	ب	ل	ئ	ا	س	ن	ة	د	ض	ض	ر	ط
ر	ط	ب	د	ذ	ن	ا	ر	و	د	ك	إ	ص	د	ش	ى
ع	ل	غ	ف	ن	ت	ا	ك	آ	ي	ك	د	ش	ش	م	ح
ف	ع	ى	ع	ج	ص	م	ء	ف	ا	ة	خ	م	ا	ا	ط
ت	ة	ح	ن	س	ذ	ى	ي	ن	ا	ي	ب	م	س	ر	غ
ؤ	آ	ل	ة	ض	ط	س	ع	م	ق	س	ا	ي	ق	ح	ق
ح	ش	ق	و	ة	خ	ذ	ف	ي	ك	م	ت	ن	ة	ل	آ
م	ئ	إ	ر	ط	ب	إ	ش	ق	ل	ي	ص	ق	ك	ك	ف
ا	م	غ	س	ة	غ	ط	ع	ت	ؤ	ج	ذ	ك	ر	ح	م
ح	ض	ش	إ	م	ل	ض	ق	ؤ	ؤ	س	ك	ز	ح	ا	ذ
ت	ص	ث	ئ	ح	غ	ث	غ	خ	خ	آ	ؤ	ئ	إ	ط	ر
ك	ؤ	ع	ض	و	ل	ط	ص	ط	ط	إ	ي	ب	م	ك	ط
ا	ن	ج	ك	ر	ز	إ	ر	ا	ة	ن	ذ	آ	ظ	ش	ق
ك	ؤ	إ	ص	ه	ي	ك	ل	ق	ئ	ص	ة	ع	ؤ	ا	ف
ى	م	ا	ث	إ	د	ج	ش	ة	ص	ل	ب	ث	ب	ي	غ

محور
حساب
حركة
بناء
رسم بياني
قطر
عمق
ديزل
طاقة
زاوية

قوة
آلة
قياس
محرك
دوران
استقرار
هيكل
سائل
الدفع
احتكاك

59 - Literatuur

م	ق	ا	ر	ن	ة	ؤ	ن	غ	م	ذ	ع	خ	س	ب	ؤ
م	ض	ص	ق	م	إ	د	ف	ل	ؤ	م	س	د	ظ	ت	س
ة	إ	د	م	ي	ش	ص	ق	ت	آ	و	د	ف	إ	ح	ة
ق	س	م	ؤ	ا	س	ة	ي	خ	ز	ض	ي	ت	ى	م	إ
ع	ض	ش	ي	ف	ل	ي	ل	ح	ت	و	و	ف	ق	ئ	ذ
ك	ح	ت	ا	خ	و	ق	ا	ز	ق	ع	ا	ق	ي	إ	خ
ا	س	ت	ن	ت	ا	ج	ي	س	ظ	ف	ر	ش	ى	ز	ا
ة	ظ	ق	ش	ئ	م	ط	خ	ا	م	ر	ل	ث	س	ض	ز
ظ	ز	ن	ا	ة	إ	ظ	و	ى	س	و	ا	و	ص	ف	ض
غ	ص	د	ع	ك	ظ	ث	آ	س	ح	ا	و	و	س	ظ	ؤ
ر	أ	ي	ر	ت	و	ق	ى	ى	ة	ي	ا	ك	ح	ك	ن
ص	ت	ف	ي	ع	ل	ق	ر	ت	خ	ة	د	ي	ص	ق	م
ض	آ	ق	ق	ى	ق	ر	ي	ص	ظ	ض	ي	ر	ت	ج	ط
س	م	أ	س	ا	ة	ر	ا	ع	ت	س	ا	ف	ض	ح	ر
ط	ت	ح	م	آ	ظ	ط	ك	ج	ر	ض	ت	ت	ا	ك	ج
ؤ	و	ر	م	ط	ظ	ر	ئ	ص	ى	ط	ت	خ	ف	ق	ق

القياس
تحليل
حكاية
مؤلف
استنتاج
حوار
خيال
قصيدة
رأي
استعارة

وصف
شاعري
قافية
إيقاع
رواية
نمط
موضوع
مأساة
مقارنة
الراوي

60 - Boeken

ض	آ	ا	ؤ	ب	و	ش	ل	ت	ذ	ف	ق	م	ث	ع	ف
ش	ب	ل	ع	د	ب	م	ة	ي	ا	و	ر	ا	ص	ئ	ث
ض	م	ر	ر	ئ	ص	ف	ح	ة	ب	د	إ	ل	ظ	ض	ر
ي	ص	ا	إ	ك	د	ف	ح	م	ق	آ	ك	ك	ع	و	ع
ض	ر	و	ة	ف	آ	إ	ح	ح	ا	ذ	ة	ل	ح	م	ش
إ	غ	ي	ل	ز	ا	ح	خ	ل	ث	ج	ل	ا	م	ب	ح
ص	خ	ج	ص	ك	م	غ	ا	م	ر	ة	ل	ق	ذ	ف	ك
ة	ع	ب	ل	ت	ز	ز	ث	ر	ى	د	ث	ا	ل	ق	و
ت	ك	غ	ا	ي	د	ة	ف	ى	ع	س	ت	ي	ح	ى	د
ن	م	ك	ت	و	ب	ل	غ	ا	ف	ذ	ا	س	و	ص	ط
ع	ظ	إ	ا	ا	ز	ذ	ب	ن	ص	ئ	ر	ض	ذ	م	ؤ
ا	م	ج	ذ	س	ذ	ة	ؤ	خ	إ	ي	ي	ة	ك	ئ	ن
ط	ي	م	خ	أ	ظ	ة	د	ي	ص	ق	خ	ل	ك	ظ	د
ة	ب	م	ج	م	و	ع	ة	ص	ق	ت	ي	ئ	ر	ا	ق
ش	د	م	د	ظ	ز	ة	ض	ح	ؤ	ت	إ	ف	ل	ؤ	م
ف	أ	ت	ع	م	ك	س	ح	ع	ن	إ	ح	ت	ى	ؤ	غ

مؤلف
مغامرة
صفحة
مجموعة
سياق الكلام
الازدواجية
ملحمة
قصيدة
مكتوب
تاريخي

روح الدعابة
مبدع
قارئ
أدبي
شعر
ذات الصلة
رواية
مأساوي
قصة
الراوي

61 - Meer Informatie

ر	و	ب	م	ر	و	ث	ق	م	ى	ض	م	ا	غ	ت	ئ
ا	ح	ب	ر	ص	ا	ص	ب	ظ	ح	ك	ث	ل	ع	ن	م
ئ	ي	م	ه	و	ق	ج	ذ	ع	ت	م	ز	س	س	ا	ت
ع	ب	ب	ج	ل	ع	ث	ف	ج	ل	ذ	خ	ي	و	ر	ط
ك	د	ز	س	آ	ي	ي	ر	ن	ت	ؤ	د	ن	ه	م	ر
م	ص	ف	خ	ش	ة	ي	م	ل	ا	ع	ل	ا	م	غ	ف
و	ش	ظ	ي	آ	ق	ح	آ	ح	ت	ي	ث	ر	ة	ز	ث
إ	ض	ا	و	ف	ا	ق	ا	ن	و	ر	ب	ي	ض	ح	ق
ئ	و	ى	ن	ا	ف	ص	و	ة	ب	ذ	خ	و	غ	ق	ب
ا	س	ت	ن	س	ا	خ	ي	ط	و	ط	ف	خ	ت	ط	ع
ط	ى	ع	ح	خ	ذ	ن	ا	ة	ر	ة	ة	خ	ك	و	ة
ذ	م	ذ	ر	آ	ز	ع	ة	ي	ل	ب	ق	ت	س	م	ي
ك	و	ك	ب	ت	ك	ل	ا	ي	ا	م	ن	ي	س	ب	ن
ي	ئ	ي	و	ا	ا	ى	ل	ذ	ض	ذ	ؤ	ل	ذ	ا	ق
ة	ث	ف	ف	ر	ن	ن	ك	س	ظ	ؤ	ى	ح	ئ	ح	ت
ظ	ع	ر	س	ذ	ث	ت	ك	ج	إ	ط	ل	ث	ذ	ر	ئ

ذري
سينما
الكتب
نار
وهمي
انفجار
متطرف
رائع
مستقبلية
وهم

استنساخ
غامض
وحي
كوكب
واقعي
الروبوتات
السيناريو
تقنية
يوتوبيا
العالمية

62 - Regenwoud

ي	ا	ا	ذ	ط	ت	ض	ص	ئ	ق	ث	و	ث	ع	ة	ق
ف	ش	ح	س	ئ	ن	ض	ز	ث	ى	س	ت	م	ى	ي	ص
ث	ط	ظ	ت	ت	ا	ر	ش	ح	ل	ا	ي	غ	م	آ	و
ط	ز	ط	غ	ر	ع	ب	س	خ	ا	و	ح	ب	ل	ح	ط
س	ظ	ج	ي	ة	ا	ا	م	آ	ل	ب	ى	ت	ج	ك	ة
ط	ح	ك	ت	م	م	م	د	ف	ط	آ	إ	ض	أ	م	ف
ب	ج	ا	ا	ي	ئ	و	ض	ة	ي	ل	ص	أ	و	ئ	ي
ذ	و	ح	ب	ق	ز	ئ	غ	ع	و	ن	ت	ح	ت	ز	س
ا	ل	أ	ن	و	ا	ع	ئ	م	ر	ض	ث	آ	ر	ع	ب
ق	ص	ؤ	ف	ذ	ي	ؤ	ر	م	ح	ب	إ	ب	م	ث	ع
ا	ل	ث	د	ي	ي	ا	ت	ي	ف	ر	م	د	خ	ح	ر
ض	ض	ت	ج	ق	ت	ى	ص	ئ	ظ	ئ	ح	ط	ف	ز	ل
ا	ل	ب	ر	م	ا	ئ	ي	ا	ت	م	ر	د	ص	ك	ظ
ك	ا	ص	ك	ن	و	خ	ن	د	ة	ن	س	ي	م	م	ع
ع	غ	ا	ل	غ	ا	ب	ة	ب	ذ	ا	غ	ر	ؤ	ث	خ
ط	ب	ي	ع	ة	ل	م	ز	ت	ع	خ	ل	ن	ج	ا	ة

البرمائيات
حفظ
نباتي
تنوع
ملة
أصلي
الحشرات
الغابة
مناخ
طحلب

طبيعة
نجاة
احترام
استعادة
الأنواع
ملجأ
الطيور
ذو قيمة
سحاب
الثدييات

63 - Haartypes

ج ف ر و ة ا ل ر أ س ض ع ز م ذ ن
ج آ ة ن د ض ئ ز ص ر ص س ك ك ا ر
ا ذ ك ب ك ك أ غ ل م ص ح ي ع ل د
ف ب ؤ ص ق ب ع ت ع ي خ ا م ق و م
م ت ذ ة ي ظ ت ف د و س أ س آ ل ج
ج ط آ ض ق ذ ن ص ز ز ث ش ظ و ي آ
ع م ض ف ر ق ت ج إ ل ى ج ن غ و ا
د ر إ ح ي خ ى ظ ق و ق ي ط ي ط ز
ة ج ظ ت ر د ي ق ت و ت ر آ س ج ع
ذ ر ع ش ل ا د ي ع ج ت ظ ر ذ ص ح
ت ق ف ت ئ ذ ة د ن و ك ث ة ص ض ذ
ك ش ك ن ج إ ذ ا ط م ئ ى ل ى ث ز
ل أ ذ س ة إ ؤ م س ت ع ع ئ ث ر خ
ص ب ئ ث ق ص ي ر ة م م ج ص ؤ ت ت
ذ ن و ح ل ا ق ت ث ى ذ ة ؤ ط ح ؤ
ن ي س ى ى ة غ ع د ي ل ح ذ ب ي ن

فروة الرأس
أصلع
قصيرة
تجعيد الشعر
مجعد
طويل
أبيض
ناعم
فضة
أسود

أشقر
بني
سميك
جاف
رقيق
ملون
مضفر
صحي
متموج
رمادي

64 - Stad

ك	ش	ذ	ر	ع	م	ب	د	إ	م	و	ل	ظ	ط	ض	ح
ض	ت	ن	ز	خ	ث	ت	ج	ج	ل	ل	إ	ش	ش	إ	ؤ
ع	ي	ا	د	ة	ن	ت	م	آ	ع	ك	ت	ى	ا	ظ	ة
ك	ث	و	ق	ع	م	م	ط	ص	ب	ج	ب	إ	ا	خ	م
غ	ظ	ي	م	ط	ع	م	ا	س	ي	د	ن	ى	ئ	م	ن
س	ت	ح	م	ت	ئ	ل	ر	و	و	د	ق	ب	ح	د	س
ى	ت	ة	ع	م	ا	ج	ي	ق	ظ	ن	ل	آ	ئ	ر	ق
ح	ل	ق	ص	ع	د	د	ة	س	ح	ت	ى	ي	ئ	س	ز
ت	ت	ي	و	إ	ك	ق	س	و	إ	غ	د	ذ	ة	ة	ه
س	ذ	د	ت	و	ظ	ئ	ز	ب	خ	م	ص	ئ	ي	ت	و
ج	ت	ح	ت	غ	ع	خ	ب	ر	ن	و	ة	ؤ	ة	ح	ر
ظ	ف	ص	غ	ش	ة	ذ	ن	م	م	ر	ا	ز	ف	ع	ؤ
و	ص	ؤ	ب	ظ	ظ	ق	ك	ا	ت	ض	ذ	ب	ق	ن	ك
م	آ	ز	س	ز	ا	و	خ	ر	ح	ر	س	م	خ	ظ	ث
م	ي	غ	ث	ف	ن	د	ق	ك	ف	ع	آ	ؤ	ا	ص	ث
س	ي	ن	م	ا	ب	ة	ب	ت	ك	م	ض	إ	ج	ي	ا

مطار
سوق
متحف
مطعم
مدرسة
ملعب
سوبر ماركت
مسرح
جامعة
خزن

صيدلية
مخبز
بنك
مكتبة
سينما
منسق زهور
حديقة حيوان
معرض
فندق
عيادة

65 - Creativiteit

ل	خ	ؤ	ح	ض	ي	ص	ث	ب	ي	ض	ج	ش	ة	ج	ز
ا	ذ	ذ	و	ي	إ	ؤ	ب	ظ	ت	ذ	ر	ف	و	آ	و
ق	ز	خ	ض	ن	و	ر	ا	ظ	ى	خ	ذ	ا	خ	د	ئ
ع	ز	ظ	و	ف	ض	ي	و	ح	ؤ	ك	خ	أ	ل	ت	ص
د	ف	ح	و	ا	ظ	ص	ة	ا	ر	ش	ش	ص	م	د	ظ
ب	ط	و	ر	ع	ا	ش	م	ؤ	ل	ض	آ	ا	ه	ذ	ة
م	ا	ع	ي	غ	خ	ي	ا	ل	ا	ح	ك	ل	ا	إ	د
ث	و	ا	ب	ة	ر	و	ص	ل	ع	ج	د	ة	ر	ح	ر
ب	ع	د	ع	ا	ل	إ	ل	ه	ا	م	ا	س	ة	س	ا
ل	ل	ى	ت	ز	ط	ش	ذ	د	ب	ة	س	آ	د	ا	م
ظ	ا	س	ل	ف	خ	د	ت	ج	ط	ب	ز	و	ش	س	ا
ض	ل	ت	ا	ز	ا	و	ى	ح	ن	م	ث	ئ	ئ	ي	ت
ن	ب	ص	ذ	إ	ق	ت	ل	ز	ا	د	ث	ج	ش	ر	ي
ر	ح	آ	ب	ط	ح	ؤ	ي	ن	ض	ن	ش	ق	ذ	ت	ك
ق	و	ي	خ	ل	ز	ب	ش	ح	س	ي	و	ل	ة	ذ	ي
خ	ت	ح	ة	ث	ف	ك	ش	ز	ة	ى	ف	ز	ة	ق	ر

فني
صورة
دراماتيكي
أصالة
العواطف
إحساس
مشاعر
وضوح
انطباع
الإلهام

شدة
الحدس
مبدع
عفوية
التعبير
مهارة
خيال
الرؤى
حيوية
سيولة

66 - Natuur

ؤ	ك	غ	ف	ء	ا	ر	ح	ص	غ	ز	ث	ا	ظ	إ	ظ
و	خ	ي	ع	ض	ر	س	ي	إ	ا	ك	ئ	ل	ا	ر	ف
ي	م	ث	ل	ج	ة	ض	ت	ى	ب	م	آ	ق	ل	ف	د
ل	ط	ت	م	ت	ح	ر	ك	و	ة	ش	و	ط	م	ع	ل
ي	ض	ظ	ظ	ك	س	ل	و	أ	ا	خ	ى	ب	ن	آ	آ
ث	ع	ج	ج	ب	ف	ث	ا	م	ف	ئ	ب	ا	ح	و	د
ح	أ	و	ر	ا	ق	ا	ل	ش	ج	ر	ي	ل	د	ى	ر
س	ح	ا	ب	ع	ؤ	ذ	ا	ة	ك	ة	ر	ش	ر	م	غ
ك	ن	ه	ر	ض	ب	ا	ب	ل	ل	ن	ب	م	ا	ى	م
ش	ة	ن	ظ	ز	ن	ص	ت	ا	ح	ظ	ب	ا	ت	ق	ع
م	ل	ا	ذ	ئ	ؤ	د	آ	م	ش	ي	ة	ل	م	ص	ك
ع	ط	ح	ئ	ث	ق	ر	ك	ج	ق	ل	و	ي	ة	ظ	ي
ق	ع	ف	ن	ة	ن	ح	ل	و	ب	ذ	ي	ا	ح	ع	س
ه	ا	د	ئ	ل	ى	ي	ق	م	ظ	ج	ت	ي	ن	ش	ف
ض	د	ق	ط	ل	ا	و	ذ	ب	ك	ض	غ	ؤ	ى	ا	ر
ى	ى	ص	ي	ص	ر	ي	ن	د	ز	ي	ن	ة	ئ	ق	ت

ضباب
نهر
جمال
مأوى
هادئ
استوائي
حيوي
بري
صحراء
سحاب

القطب الشمالي
النحل
غابة
الحيوانات
متحرك
تآكل
أوراق الشجر
مثلجة
ملاذ
المنحدرات

67 - Zoogdieren

ن	س	ط	ض	ث	غ	ت	ؤ	ف	ة	غ	م	ط	ع	ى	ى
آ	غ	د	ل	ف	ح	ق	خ	س	ك	و	ف	م	إ	س	ى
ع	ب	ض	ج	ل	م	ج	ى	ر	ر	ج	ض	ك	آ	ع	ث
د	خ	ج	ي	م	ق	ة	د	ك	ص	ذ	ت	ط	ق	ؤ	ش
ج	ت	ف	آ	خ	ي	م	د	و	ن	ئ	ؤ	ز	و	ب	ئ
ن	ل	إ	ض	س	ي	ة	ت	و	ل	ة	ز	ش	ت	غ	ت
ا	ب	ط	ظ	ئ	ج	ؤ	ى	ق	ح	م	ل	ق	و	ح	ي
ص	ر	س	ذ	ق	د	ة	آ	ع	ك	ن	غ	ر	ح	ب	ظ
ح	ث	ذ	ئ	ب	ا	ل	ب	ر	ا	ر	ي	و	ض	ط	آ
ش	أ	ل	ؤ	ئ	ؤ	أ	ل	ا	إ	ل	ئ	ث	ص	آ	ب
ح	س	ل	ق	ذ	إ	ر	ك	م	ا	ت	ع	ن	ؤ	آ	ظ
ن	د	ث	ص	ك	ق	ن	ظ	ح	ز	ش	ع	ي	ئ	ج	ك
ى	ر	ى	ف	ث	ر	ب	ب	س	ت	ر	ة	ف	ا	ر	ز
ب	ق	ا	ط	ث	ز	ظ	ؤ	ى	و	ك	ب	ل	ؤ	ل	ع
ر	ف	ك	ث	ي	إ	ش	ا	ر	و	م	س	و	ت	ع	ا
ت	إ	م	ر	ل	ط	ط	ئ	ى	ل	ث	ك	د	ن	د	م

كنغر
قط
أرنب
أسد
الفيل
حصان
ثور
فوكس
حوت
ذئب

قرد
سمور
ذئب البراري
دولفين
حمار
ماعز
زرافة
غوريلا
كلب
جمل

68 - Overheid

د	ر	د	ح	ح	ئ	ة	ش	م	ق	و	ق	ح	إ	ا	ع
ا	ش	ر	ع	ز	ل	م	د	ى	ر	و	ت	س	د	د	ط
س	ي	ا	س	ة	ث	ن	ج	ج	ي	ى	خ	ط	ا	ب	ا
ة	ظ	ة	غ	ق	ي	و	ؤ	ل	ر	ح	ع	ل	ذ	ت	ؤ
م	ي	ع	ز	ط	ن	ن	س	ى	آ	م	ة	ت	س	ث	إ
أ	د	ي	م	ن	ط	ا	ف	ر	ن	ق	ا	ش	ق	ص	إ
د	س	ز	ر	م	و	ق	ا	ر	ض	ل	و	ب	ف	ا	ة
ي	إ	ك	ج	ا	ل	ص	ة	ف	ف	خ	ا	ن	ط	ؤ	ى
م	م	ئ	ظ	ل	ح	د	ئ	ق	ر	ذ	س	م	ي	ش	ض
ق	م	و	ز	م	ئ	ع	ب	ص	ن	ح	م	ن	ف	ا	ك
ر	خ	ط	ئ	و	ض	ض	ذ	ط	خ	ا	ل	ذ	د	ض	خ
ا	ي	د	س	ا	ئ	ث	ج	ة	ق	ل	ا	ة	ط	ع	ص
ط	ض	ة	ز	ط	ف	ى	ذ	ق	ض	ة	ل	ي	ذ	إ	ز
ي	ك	ا	ا	ن	و	خ	د	ة	ا	آ	ف	م	ى	ذ	ح
ة	ظ	ر	ث	ة	ي	و	ج	ئ	ئ	ظ	ق	ن	إ	ر	ي
ض	ؤ	ك	س	ة	ض	ذ	غ	ؤ	ي	ظ	ؤ	ذ	ط	ص	د

أمة
وطني
سياسة
حقوق
حالة
رمز
خطاب
حرية
قانون
منطقة

المواطنة
مدني
ديمقراطية
نقاش
المساواة
قضائي
عدالة
دستور
زعيم
نصب

69 - Voertuigen

ب	ا	ف	ج	م	ر	ش	ث	ن	ك	ؤ	ر	ح	ذ	ص	ؤ
ش	ف	ر	ث	غ	س	ع	ظ	ز	ت	آ	ث	ة	ك	ا	ع
س	ا	ت	ق	و	غ	ك	ر	ف	د	ر	آ	ذ	و	ر	ض
ر	ع	ب	ع	ا	ز	ش	ة	ن	ح	ا	ش	ح	ش	و	ي
آ	س	و	ؤ	ص	ت	و	ص	ؤ	ق	س	ت	ا	ا	خ	ج
ك	إ	ك	ض	ة	م	ر	ت	و	ك	س	ظ	ف	ل	ح	ط
ظ	ة	ي	ش	ر	غ	ى	ذ	ن	ا	ا	ح	ل	إ	غ	ئ
ا	ر	ل	إ	ا	و	ط	ط	ق	ا	ف	ل	ة	ط	و	ف
ك	ا	ه	ع	ب	ث	ط	م	ش	ة	ل	ر	ث	ا	ل	ن
خ	ي	ج	ح	ع	ص	ى	ع	ص	و	ش	م	ت	ر	و	ي
ئ	س	ئ	ك	ل	ة	ر	ا	ي	س	ح	ح	ج	ا	س	ط
ت	ي	س	ق	ا	ب	ح	ن	ن	ر	ت	ن	ك	ت	ا	ع
ق	و	ؤ	ي	س	ك	ا	ت	ك	ز	ص	ز	آ	ئ	ط	و
ؤ	ن	ت	ث	ب	ر	ق	ا	ث	ر	ع	م	ر	ت	ع	ص
س	ق	ر	ا	ط	ق	ؤ	د	ر	ا	ج	ة	ب	غ	ل	ض
ل	ط	ئ	ط	ف	م	م	ب	ج	ف	ذ	ش	ش	ا	ج	خ

سيارة إسعاف
سيارة
الإطارات
قارب
حافلة
قافلة
دراجة
هليكوبتر
مترو
محرك

غواصة
صاروخ
سكوتر
تاكسي
جرار
قطار
العبارة
طائرة
طوف
شاحنة

70 - Geografie

ا	ب	إ	ج	ر	م	ص	خ	ل	ت	ث	ب	ف	ز	ن	ن
ر	ح	ب	ص	خ	د	ل	ب	ط	ي	ح	م	ظ	ط	ش	ة
ت	و	ذ	ح	د	ي	ب	ؤ	ص	ا	ب	ج	ر	ث	ك	ص
ف	ط	و	خ	ظ	ن	ج	ل	م	إ	ل	ا	م	ش	ر	ح
ا	ع	ر	ز	ئ	ة	ص	ص	ن	ئ	و	ع	ب	ت	ى	ز
ع	س	ج	ث	ش	آ	ز	ض	ط	ز	ط	ص	ر	ه	ن	إ
إ	ض	ب	ز	ذ	ى	ا	ض	ق	ت	ل	ر	غ	ض	ض	ك
ض	آ	ج	غ	ي	ش	ف	س	ة	ر	ا	ق	ب	ش	ر	غ
ة	د	ئ	ط	ح	ر	غ	ر	خ	ر	ط	ل	و	ض	ن	د
ي	س	ى	ب	ف	غ	ة	ب	ف	ر	خ	ف	ص	ق	ع	ت
م	ي	ر	ي	د	ي	ا	ن	خ	ح	إ	ى	ر	و	ق	ك
ل	م	ق	ث	غ	ة	ق	د	ى	ر	ى	ع	ظ	ى	إ	ز
ا	ي	ا	غ	ي	إ	ص	ا	ل	خ	ي	ل	غ	أ	ؤ	ك
ع	ن	م	ء	ا	و	ت	س	ا	ل	ا	ط	خ	ط	ر	آ
ل	ج	ن	و	ب	ى	ص	د	م	ط	ت	إ	ة	ل	و	ف
ا	ط	ف	ر	ج	ك	ص	ة	ظ	خ	ض	ل	خ	س	ئ	آ

أطلس
جبل
خط العرض
قارة
جزيرة
خط الاستواء
ارتفاع
خريطة
بلد
خط الطول

ميريديان
شمال
محيط
منطقة
نهر
مدينة
العالمية
غرب
بحر
جنوب

71 - Kunstbenodigdheden

ة	ط	إ	أ	ط	ط	م	ا	ع	ف	ق	ء	و	ل	ع	ظ
ؤ	ب	ب	ق	ؤ	ي	ك	خ	ا	ل	ب	ا	س	ت	ي	ل
ف	ص	ة	ل	ش	ن	ا	ا	د	ق	ث	م	ت	ت	ب	ظ
ح	ح	غ	ا	ي	غ	غ	خ	ب	ئ	م	س	ؤ	ة	ت	ي
ذ	ى	م	م	د	و	ق	ة	إ	ا	ل	أ	ل	و	ا	ن
ة	ص	ص	ا	ذ	ؤ	ق	ا	ز	ط	م	ن	ف	ط	ن	خ
و	ك	ي	ل	ي	ر	ك	أ	ع	ا	ا	أ	ن	س	ا	ف
ط	إ	غ	ر	س	ل	ط	ض	م	و	ح	ل	و	ض	ه	ر
ل	ئ	ك	ص	ة	ك	ز	ث	ش	ل	ل	و	ة	ص	د	ن
ي	ك	ج	ا	ؤ	ا	ا	إ	ت	ة	ا	ا	ص	س	ل	ك
ش	خ	ي	ص	ى	م	ح	س	ك	ز	ا	ن	د	خ	ا	ك
ك	ر	س	ي	ك	ي	ر	م	ح	ب	ر	م	ى	ع	ق	س
غ	ك	ف	ن	ح	ر	ة	آ	م	ب	س	ا	و	ر	ق	ا
ع	م	ض	ص	ر	ا	آ	ص	ج	ط	غ	ئ	ي	ح	م	ى
ى	ذ	ع	ص	ظ	س	ؤ	ع	خ	ق	ب	ي	ز	ب	ص	خ
إ	م	ة	س	ص	ى	ش	م	ش	ذ	ب	ة	ط	غ	ض	ض

أكريليك
ألوان مائية
فرش
كاميرا
إبداع
الحامل
ممحاة
فحم
حبر
طين

الألوان
صمغ
نفط
ورق
الباستيل
أقلام الرصاص
كرسي
طاولة
الدهانات
ماء

72 - Barbecues

و	ب	و	ؤ	ص	ظ	ح	ؤ	ش	ر	ض	ص	خ	خ	ط	س
ئ	غ	و	ج	و	ع	ر	ن	ي	ظ	خ	د	ف	ض	ن	ك
ر	م	ث	ر	ل	أ	ظ	ج	ت	م	ج	ر	ذ	ش	ت	ف
ث	ح	ن	ى	ق	ي	س	و	م	د	آ	ش	ا	ا	ض	د
خ	د	غ	د	ح	خ	ن	ر	ع	ش	ا	ء	ل	ز	غ	ت
ش	ا	ض	ف	ر	ح	س	ى	ة	ف	ة	آ	ش	ب	ح	ط
ز	ق	ا	س	ل	خ	آ	إ	ت	ق	ن	و	ظ	ك	ح	ص
ذ	د	ت	ذ	ء	ن	ف	خ	خ	ع	غ	ع	ط	ب	د	ث
ي	ق	ش	و	ا	ي	ة	ت	ف	ا	ت	م	ظ	ة	ج	ز
د	ع	و	ة	د	ك	ذ	ا	ت	ا	و	ر	ض	خ	ا	ح
ص	ل	ص	ة	غ	ا	ى	ط	ل	ا	ك	ح	ا	ر	ج	ت
ط	م	ا	ط	م	ك	ج	ل	ص	ش	ض	ه	ح	ج	ة	ص
إ	ي	خ	ب	د	س	ع	س	ب	ح	و	ث	ة	ط	م	س
ث	ئ	ا	ر	ا	إ	ى	ل	ف	ل	ف	ك	آ	س	غ	و
ئ	خ	ن	ط	ت	غ	ت	ا	ص	م	ف	ي	آ	آ	و	و
و	ن	ث	ص	ي	ف	ة	ب	ر	ؤ	ر	ئ	إ	ة	إ	ج

عشاء
أسرة
فاكهة
شواية
خضروات
حار
جوع
دجاج
غداء
سكاكين

موسيقى
فلفل
السلطات
صلصة
طماطم
بصل
دعوة
الشوك
صيف
ملح

73 - Schoonheid

ق	ى	م	ا	ك	ي	ا	ج	و	ت	ا	ة	ق	ا	ن	أ
ب	ت	ش	ى	ى	آ	د	ت	ب	ه	ل	إ	ز	ي	و	ت
ت	ق	ى	س	آ	م	خ	د	م	ا	ت	ص	ذ	ص	ق	ل
ى	ا	إ	ج	ذ	ك	ق	ج	ا	ف	ش	ؤ	ى	ش	ى	ر
ب	ر	إ	ا	ث	آ	ج	خ	ش	ش	ا	م	ض	س	ي	ع
ح	ح	ك	ز	م	ؤ	ت	و	ك	ل	ث	ر	ا	ك	م	ش
ح	ي	ج	ل	د	د	ك	ذ	ط	ا	س	ا	آ	إ	ا	ل
ص	ق	ت	ن	ت	ب	ؤ	ئ	خ	ر	ط	ك	ع	ة	ئ	ا
ح	ح	ق	ن	خ	د	ز	غ	ح	م	س	س	خ	س	ث	د
ل	ج	ئ	ة	س	ي	ر	ذ	ن	ح	ز	ا	ز	إ	ط	ي
ا	ن	ط	ي	و	ع	س	ث	ؤ	أ	غ	م	ى	ى	س	ع
ق	ا	ى	ؤ	ص	ر	ح	ف	ض	ث	ب	ب	ف	ظ	ف	ج
م	ع	ل	ق	آ	ف	ر	ع	ذ	ل	ع	أ	ن	ي	ق	ت
ق	م	ع	د	ط	ا	ل	ل	و	ن	ط	س	ظ	ش	ف	ة
ص	م	ن	ت	ج	ا	ت	ط	ك	ج	و	س	ن	ع	م	ة
س	ث	ي	ئ	ث	ا	ث	ط	إ	خ	ر	غ	غ	ة	م	ث

تجعيد الشعر
أحمر الشفاه
ماسكارا
زيوت
منتجات
مقص
شامبو
مرآة
حلاق
ماكياج

سحر
خدمات
أنيق
أناقة
رقيق
نعمة
عطور
ناعم
جلد
اللون

74 - Wetenschappelijke Discip

ى	ي	ئ	ذ	ط	ؤ	خ	ي	ظ	غ	ع	ف	ع	م	خ	ع
م	ي	ك	ا	ن	ي	ك	ا	ة	ع	ل	ش	ل	غ	ع	ل
إ	ك	إ	ي	ر	آ	ة	ا	ك	ل	م	ر	م	ث	ل	م
خ	إ	ق	ج	ا	آ	ق	ا	ر	م	ا	ت	ا	ب	م	ا
م	ذ	ف	و	ث	ن	ك	ل	ح	ا	ل	ش	ل	ز	ا	ل
ن	غ	ي	ل	آ	إ	ك	ئ	ل	ل	ن	ر	ح	ح	ل	ا
د	ب	ي	و	ل	و	ج	ي	ا	ب	ب	ي	ي	ك	ن	ج
ا	ص	ن	ي	ا	ت	ك	غ	م	ي	ا	ح	و	ق	ف	ت
ع	ل	ذ	ج	م	ب	ص	ص	ل	ئ	ت	غ	ا	ب	س	م
م	ل	ر	ح	ل	ع	ث	ج	ع	ة	ض	ئ	ن	ط	ت	ا
ل	ك	م	و	ع	ل	م	ا	ل	م	ن	ا	ع	ة	غ	ع
ا	ي	ف	ا	ب	ا	ص	ع	أ	ل	ا	م	ل	ع	ذ	د
م	م	س	إ	ل	و	ا	ي	ج	و	ل	و	ي	ز	ي	ف
ل	ي	خ	س	ر	ف	ت	غ	ض	ج	ش	ا	ل	ش	ة	ل
ع	ا	ئ	إ	ز	ق	ل	ا	ا	ل	ف	ي	ز	ي	ا	ء
ئ	ء	غ	ؤ	و	ح	ض	ك	ت	ل	آ	آ	غ	ث	س	ش

تشريح
علم الآثار
علم الفلك
بيولوجيا
كيمياء
علم البيئة
فيزيولوجيا
جيولوجيا
علم المناعة
علم الحركة

ميكانيكا
علم المعادن
الفيزياء
علم الأعصاب
علم النبات
علم النفس
الروبوتات
علم الاجتماع
تغذية
علم الحيوان

75 - Bijvoeglijke Naamwoorden

ش	ش	ت	غ	آ	م	خ	ع	ا	ل	ج	د	ي	د	ل	ل
ض	ي	ف	ث	ط	و	ح	ئ	ا	ظ	ب	ة	ح	ئ	ز	ج
م	ا	ل	ح	خ	ه	ض	ا	ز	د	ب	ن	ص	ك	س	ط
ز	م	ش	ف	ض	و	ا	ج	آ	ي	ي	ر	ب	م	ط	ص
س	ظ	د	ز	ن	ب	ص	ا	ب	ب	ع	ظ	ئ	و	س	ى
د	ر	ا	م	ا	ت	ي	ك	ي	آ	ي	ج	ا	ت	ن	إ
ش	و	ي	ي	س	ذ	ل	ك	و	غ	ب	ص	و	م	ا	ة
خ	ن	ف	آ	ع	ش	ص	م	ق	ر	ط	ج	ي	ل	ر	س
ل	ذ	ص	خ	ن	ؤ	أ	غ	ت	خ	ل	ا	ق	و	ش	م
ب	ؤ	و	ك	و	ق	إ	ة	ح	ع	ب	ئ	ن	ؤ	ش	ل
ؤ	ص	ئ	ق	ج	ر	ص	ى	ث	غ	ب	ق	و	س	ف	ا
ة	ع	س	ش	ف	ى	غ	ي	م	آ	ة	ى	ن	م	ز	س
ن	ض	س	ض	ط	غ	خ	ب	ة	ل	و	ا	ل	إ	ت	ف
إ	ك	ص	ؤ	ح	ت	ل	ل	ذ	ر	ت	ب	د	ت	ص	ج
خ	د	ؤ	ث	ظ	ذ	خ	ر	د	آ	ض	ئ	و	إ	ح	ز
ط	غ	غ	ص	ع	د	ت	ظ	ك	ي	ط	ئ	ع	ب	ت	س

أصلي
موهوب
وصفي
خلاق
دراماتيكي
صحي
جائع
مشوق
متعب
طبيعي

الجديد
عادي
إنتاجي
نعسان
قوي
فخور
مسؤول
بري
مالح
نقي

76 - Kleding

خ	ى	ئ	س	ن	م	ب	ج	س	ق	س	د	ل	ت	ج	ن
ة	ض	ت	ص	ش	ز	و	ب	ف	ت	ن	ق	ح	ى	و	و
ض	ح	آ	م	س	ك	س	ش	ج	ص	ر	س	ز	ى	ا	ش
ق	ز	خ	ئ	ض	ع	ذ	ظ	ج	ط	ص	ة	ش	ح	ر	ا
س	ف	ح	ز	س	ذ	ز	ء	ن	ع	ص	ي	م	ق	ب	ح
ج	ج	ا	ر	ا	غ	ق	ل	ا	د	ة	ر	و	ن	ت	م
ز	ئ	ر	ز	د	ن	إ	د	ت	ذ	ث	ط	ن	ل	خ	و
ح	ظ	ص	ح	ا	ؤ	ط	ا	س	ؤ	ح	ش	س	ك	ت	ض
ج	م	ك	ز	ؤ	ت	ن	ن	ف	ص	ت	ش	ا	ج	ذ	ة
ت	ا	س	ا	ئ	ذ	خ	ص	ف	ى	ص	س	ب	ا	ئ	ع
ى	ل	و	م	ض	ى	ت	ض	ى	ة	إ	س	ل	ج	غ	ب
ص	س	ا	ك	خ	ب	ر	ص	ج	إ	ر	ر	ن	ض	ظ	ق
ط	ت	ر	ل	خ	ق	ب	ج	ت	ؤ	غ	و	ل	آ	م	ذ
خ	ر	ث	ز	ر	آ	ش	ث	م	ح	ن	ا	ل	ة	ع	ع
خ	ة	ز	و	ل	ب	ؤ	ض	ز	س	ط	ل	ا	ض	ط	ط
ذ	غ	ى	ص	ر	إ	ذ	ظ	ن	ت	ع	ر	ص	ع	ف	ي

سوار
بلوزة
سروال
قفازات
قبعة
معطف
السترة
فستان
قلادة
موضة

لباس نوم
حزام
تنورة
صنادل
حذاء
مئزر
قميص
وشاح
جوارب
سترة

77 - Vliegtuigen

س	ف	ا	ؤ	غ	ؤ	غ	ك	خ	ص	ي	ث	ق	ت	ئ	غ
س	م	ي	ل	ص	ا	ش	ى	ن	ط	ث	ر	د	ذ	و	ؤ
ش	ط	ا	ي	ت	ق	ث	ب	ع	ؤ	آ	ه	و	ا	ء	ت
ذ	آ	ز	ء	ج	ص	ج	م	إ	ت	ؤ	ك	ق	ب	ا	ل
ث	ق	ا	ا	ح	ا	م	ط	ي	ا	ر	د	و	ج	ن	م
إ	ن	ل	ن	ن	ة	ق	ي	ى	ش	ر	م	ض	ح	ب	ؤ
ع	ج	ت	م	ؤ	ف	ة	ر	م	ا	غ	م	ل	ض	ك	إ
م	آ	ن	ط	ي	ئ	ف	ؤ	ل	ل	م	ح	ر	ك	ا	س
س	ط	ق	ا	ئ	ي	ذ	آ	م	ت	ا	ف	ز	ط	ر	ض
ذ	ع	ل	غ	ز	س	ز	ج	ث	ا	ا	ك	ؤ	ا	ت	ض
ل	غ	ش	ظ	ؤ	ض	ت	ي	ج	ر	ظ	ر	ج	ق	ئ	ف
ا	ن	ي	ج	و	ر	د	ي	ه	ي	ح	آ	ت	م	ف	ع
ط	و	ب	ه	ي	ش	ة	ش	د	خ	ر	ص	آ	ف	م	ن
ا	ل	غ	ل	ا	ف	ا	ل	ج	و	ي	ا	س	آ	ا	ج
ه	ا	ج	ت	ا	آ	م	ص	ك	ج	ش	ص	ي	خ	ا	ع
ت	ب	ا	ر	ط	ض	ا	ظ	ث	إ	ى	ص	إ	ذ	ك	ى

اصل
الغلاف الجوي
مغامرة
بالون
طاقم
بناء
وقود
التاريخ
سماء
ارتفاع

هبوط
هواء
محرك
التنقل
التصميم
راكب
طيار
اتجاه
اضطراب
هيدروجين

78 - Herbalisme

ر	ز	ي	إ	ص	ذ	غ	ك	د	ذ	ى	ت	ؤ	ع	آ	خ
ي	ك	ج	ا	ز	ث	ع	ض	ن	ك	إ	إ	خ	ذ	ق	د
ح	ف	ع	م	ي	ز	ؤ	خ	ة	و	ض	ش	س	ص	ك	و
ا	ف	ا	و	ض	ا	ى	ص	ع	ع	د	ى	م	ا	ز	خ
ن	ج	ل	ت	ج	ل	ز	ج	ر	ض	خ	أ	س	إ	و	ط
غ	ح	ش	و	ة	ذ	ؤ	ر	ت	ص	ى	ن	ز	ن	ن	ئ
ص	ئ	م	ا	و	ج	ش	ز	ا	ث	و	م	ب	ص	ف	ئ
ظ	ا	ر	ب	ذ	ب	ة	ق	ي	د	ح	ز	ر	ت	ع	ز
ع	ل	ة	ل	ت	ط	ه	ث	ق	ر	ع	آ	إ	ق	ر	ت
ز	ع	ل	خ	ش	ا	ك	ب	ق	ف	ت	د	ش	ع	م	ص
ز	ن	ج	ش	ن	ل	ن	ش	ر	خ	ط	س	ح	ر	ة	ف
ه	ص	و	ذ	ر	ط	ض	ا	د	ئ	ا	ض	ر	م	ع	ن
ر	ر	د	ب	ب	ر	ن	ف	ت	ب	ك	ظ	ا	ف	ت	ز
ة	ب	ة	ك	ت	خ	ل	ب	ج	ل	ا	ل	ي	ل	ك	إ
ص	م	ر	د	ق	و	ش	س	ا	ؤ	م	ث	ص	ش	ى	ك
ب	و	ا	ة	غ	ن	ل	و	ا	ل	ط	ه	ي	ر	ط	ع

عطري
ريحان
زهرة
الطهي
شبت
الطرخون
أخضر
العنصر
ثوم
جودة

خزامى
مردقوش
توابل
بقدونس
إكليل الجبل
زعفران
نكهة
زعتر
حديقة
الشمرة

79 - Kracht en Zwaartekracht

ا	ا	ل	م	ر	ك	ز	ق	ي	خ	ى	ة	م	ع	ض	ر
م	ل	إ	م	و	ن	ز	ج	ق	ق	و	ش	ح	ا	ت	ح
ي	ا	م	د	خ	آ	ش	ت	أ	ث	ي	ر	و	ل	ذ	ى
ك	ح	ة	غ	ف	ع	د	ق	ا	ك	خ	ظ	ر	م	ي	ط
ا	ت	ل	ا	ن	ض	ة	و	ف	ؤ	ذ	س	و	ي	ط	ؤ
ن	ك	و	ا	ض	ا	ظ	ل	ن	ا	ل	ك	و	ا	ك	ب
ي	ا	ض	ن	ل	ة	ط	ا	ص	إ	ض	ت	و	س	ع	د
ك	ك	غ	خ	ق	ف	ن	ي	م	ت	ح	ر	ك	ن	ب	ؤ
ا	ص	ط	ت	ط	ض	ي	ح	س	ك	ف	ط	ب	ي	ك	ش
ح	و	ر	ص	ر	غ	خ	ز	آ	ي	و	ز	ن	ق	غ	د
ش	ر	ا	ك	ت	ش	ا	ف	ي	إ	ة	ئ	آ	ح	و	خ
غ	ث	ك	ب	ج	ى	ل	ص	ئ	ا	ص	خ	س	ر	ع	ة
ف	ح	ع	ة	ز	ص	ت	ب	ؤ	ص	ء	ث	ط	ق	ف	د
ل	ش	ذ	ئ	ث	ش	ب	خ	ت	ى	ط	خ	ط	ق	ي	و
ك	إ	ظ	ح	إ	ل	و	و	ا	ا	ث	ص	ئ	ؤ	ث	ظ
ش	م	ث	ح	غ	ض	ن	ب	ق	إ	ى	ك	ع	ض	ح	ز

بون	المغناطيسية
محور	ميكانيكا
فلك	الفيزياء
حركة	اكتشاف
المركز	الكواكب
ضغط	سرعة
متحرك	الوقت
خصائص	توسع
وزن	عالمي
تأثير	احتكاك

80 - Het Bedrijf

غ	ر	د	ذ	ل	ض	ا	ى	ص	ص	ح	س	ز	ن	ظ	ق
ث	ق	ا	ل	خ	ؤ	ج	ط	ي	ق	ص	م	ب	ت	ك	ر
ع	ؤ	ق	خ	خ	د	ل	ة	ب	ن	ب	د	ز	آ	ة	ا
ك	ز	ا	ض	ح	ص	ط	ج	ا	ا	ل	م	خ	ا	ط	ر
ب	ب	آ	ش	ت	ص	ض	ع	ل	م	ع	ج	و	د	ة	إ
ث	ض	ة	ذ	ش	ن	ة	ف	ش	ز	ب	ص	خ	ت	ي	ج
ض	ر	ع	ا	ل	م	ي	ر	ر	ر	خ	غ	ب	ر	ن	غ
ئ	ذ	م	ل	آ	ظ	ث	ت	و	ا	ت	ج	ا	ه	ا	ت
ة	ع	س	ل	و	ث	ا	ح	ط	م	ب	د	ئ	ض	ك	ا
و	ف	م	ت	آ	ى	ش	م	ئ	ث	ا	ئ	ت	ن	م	د
ر	و	ج	أ	ل	ا	ب	ز	ى	ت	ب	ق	ق	ط	إ	ح
ة	ت	ر	ج	ت	ن	م	ل	ا	س	ذ	ز	د	خ	إ	و
ؤ	م	ي	ج	خ	آ	خ	ن	ج	ا	ل	ر	م	آ	ز	ل
خ	ى	د	ض	ت	ر	م	ل	ك	ص	ص	خ	و	ض	إ	ا
غ	إ	غ	ت	م	م	غ	و	ؤ	د	ق	د	ي	ع	ع	إ
م	ص	ز	ع	ش	ل	ة	آ	ل	ط	ك	ا	و	د	ئ	ر

قرار
خلاق
الوحدات
عالمي
صناعة
إيرادات
مبتكر
استثمار
جودة
الأجور

إمكانية
عرض
المنتج
محترف
سمعة
المخاطر
اتجاهات
تقدم
توظيف
عمل

81 - Rijden

ف	ق	ح	ح	م	ش	ر	خ	ك	ئ	ف	آ	ن	ح	خ	ك
ز	ك	ق	ا	ن	م	ق	ل	و	ع	ش	إ	ئ	ر	ر	ذ
ط	ك	ة	ض	د	و	ق	و	س	ت	ق	ع	ض	ك	ل	ة
خ	ر	ي	ط	ة	ث	ض	س	ل	ي	م	ح	ة	ة	خ	ل
ض	ح	ر	إ	ق	ج	ل	ت	ي	د	ؤ	ف	ي	ا	ظ	ة
ل	م	ا	ر	ف	ض	ل	ل	ل	ا	ن	ق	ق	ل	ض	ذ
ؤ	ة	ن	ة	ن	و	إ	ظ	ك	ج	ر	ن	ر	م	ي	آ
ن	ر	ة	ع	ر	س	ج	ش	ؤ	غ	ص	ة	خ	ر	ى	ر
غ	ث	ج	ي	و	ز	د	ل	ع	ى	ي	ؤ	ص	و	آ	ئ
ع	ر	ا	ش	ا	ح	ن	ة	ك	ر	ا	ج	ة	ر	ط	ر
س	ش	ر	ط	ة	ز	ل	ا	غ	ش	ر	م	إ	ط	ر	ز
ن	إ	د	خ	ط	ر	ب	ش	س	ا	ة	ز	ك	ل	ي	آ
ق	د	ط	آ	ق	ى	ق	م	د	ب	ز	ى	ئ	ث	ق	ر
ى	ز	ى	ي	ؤ	س	ة	ل	ش	ئ	د	ب	ب	خ	ج	و
أ	م	ن	ى	ج	ف	د	ا	ض	ث	ع	ف	ف	ك	ث	ح
و	إ	و	آ	ر	ق	و	إ	ل	س	ق	د	ش	ج	إ	و

سيارة
وقود
كراج
غاز
خطر
خريطة
رخصة
محرك
دراجة نارية
حادث

شرطة
فرامل
سرعة
شارع
نفق
أمن
حركة المرور
المشاة
شاحنة
طريق

82 - Natuurkunde

ا	ك	ى	ك	س	ك	ض	ت	ت	ا	ع	ا	ل	م	ي	ج
ؤ	ت	د	ذ	ق	ف	ت	آ	ن	ف	ئ	م	ع	غ	ط	ا
ص	ع	ج	ن	إ	ا	ر	و	ج	ض	ت	ج	س	ي	م	ذ
م	ي	غ	د	س	ظ	س	ح	ح	و	ل	ر	ل	ص	و	ب
ي	ز	ز	خ	ث	ع	ي	ر	س	ت	ط	ن	د	ئ	ك	ي
ك	ث	ا	ل	ن	س	ب	ي	ة	ف	ا	ث	ك	د	آ	ة
ا	ل	ك	غ	ص	و	ك	ش	م	ى	ت	ت	ي	ن	ص	س
ن	ذ	ت	إ	م	ت	ر	ب	ح	غ	ص	ط	إ	ؤ	ق	ض
ي	ة	ل	د	ا	ع	م	إ	ر	ر	ذ	ن	ل	ظ	د	ث
ك	ط	ة	ع	ر	س	آ	ح	ك	ظ	خ	ن	ك	م	ر	ش
ا	ا	ل	م	غ	ن	ا	ط	ي	س	ي	ة	ت	ص	ظ	ر
ي	خ	ة	ظ	ث	و	ئ	ن	ع	خ	غ	ظ	ر	آ	ت	ى
ن	آ	و	ش	ط	غ	ف	ط	ا	ا	ب	ة	و	ذ	إ	ى
ف	و	ض	ى	م	ة	ى	م	ق	ي	ج	ل	ن	س	آ	ح
ت	ج	ر	ب	ة	ت	ص	ف	آ	ف	د	آ	ن	ن	م	ص
ر	ق	ؤ	غ	إ	ا	ع	ؤ	م	ش	ؤ	ش	ل	ك	غ	غ

ذرة
فوضى
جسيم
كثافة
إلكترون
تجربة
معادلة
تردد
غاز
المغناطيسية

كتلة
ميكانيكا
مركب
محرك
النسبية
سرعة
توسع
عالمي
تسريع
جاذبية

83 - Muziekinstrumenten

س	ن	ع	ت	إ	ج	ب	ج	ق	ق	ض	ك	ع	ن	ظ	ا
ف	ا	ن	إ	م	س	ز	د	ر	ؤ	ن	ب	ا	خ	ر	ل
ط	ك	و	ز	ر	ط	ذ	ف	ع	ف	ي	ق	ز	غ	آ	ت
ن	ي	ل	و	د	ن	م	ص	ظ	خ	و	م	ز	م	ا	ر
ج	ن	ي	ن	ص	ة	ق	غ	ر	س	ؤ	ك	م	ر	ؤ	و
ن	و	ش	ا	ظ	م	ي	ي	ن	و	ف	س	ك	ا	س	م
ك	م	ت	ي	ق	ل	ث	ر	ق	و	ب	ب	ب	م	غ	ب
آ	ر	ل	ب	ى	ن	ا	آ	إ	ب	ا	م	ؤ	ز	ز	و
خ	ا	ا	ص	ر	ص	ر	ئ	ظ	س	ي	ز	ك	م	ك	ن
ف	ه	ؤ	ذ	ز	ي	ة	ر	و	ر	ذ	ي	م	ل	ش	ط
و	ج	ن	ا	ب	ل	ا	ن	ا	ي	ب	ت	ا	ا	د	ب
ط	م	ق	خ	خ	د	آ	م	ث	ح	ز	ر	ن	ؤ	د	ل
ن	ى	م	إ		ج	ي	ف	ي	ى	ح	ذ	ل	ع	ر	م
ذ	ض	ى	آ	ق	ة	ر	و	ض	ئ	د	ق	ظ	س	و	ؤ
ب	ص	ح	و	ة	ي	ر	ت	ت	س	د	م	ظ	آ	ف	ك
ل	ز	ع	ج	ق	غ	غ	و	ئ	ج	ح	ظ	س	ر	د	ى

ماريمبا
هارمونيكا
قرع
بيانو
ساكسفون
دف صغير
الترومبون
طبل
بوق
كمان

البانجو
التشيلو
باسون
ناي
قيثارة
ناقوس
جنك
المزمار
مزمار
مندولين

84 - Ethiek

ت	ط	ا	م	ع	ق	و	ل	ت	ف	ا	ؤ	ل	ح	ى	ن
ئ	ر	ل	ر	ز	آ	غ	ث	و	ف	ص	س	ص	ك	ح	غ
ر	ق	ص	ت	ذ	ة	ئ	ح	ب	ذ	آ	ل	ظ	م	ق	ى
ا	ك	د	ح	ة	ه	ا	ز	ن	ل	ا	ظ	ن	ة	ح	ص
ث	ل	ق	م	ي	إ	ف	ة	ن	و	ا	ا	ج	ة	د	ب
ي	ف	ت	آ	ع	ش	ن	ف	ة	م	ا	ر	ك	ش	ب	ر
إ	د	ك	س	ق	ك	ى	س	ف	ت	ؤ	ع	ع	ا	ل	ط
ج	ق	س	ذ	ا	ك	ي	ل	ا	ا	ق	س	ت	ل	و	ث
آ	خ	ا	آ	و	م	ة	ف	إ	ن	خ	د	ح	ع	م	ز
ى	ؤ	ل	س	ل	ي	ح	و	غ	ف	ي	ت	ز	ق	ا	ق
ل	ب	ف	ف	ا	ق	ي	آ	ذ	ف	آ	ة	ؤ	ل	س	م
ع	ض	ر	ة	ي	ل	ؤ	ط	ط	ظ	س	ظ	ب	ا	ي	ث
ث	ؤ	د	ك	ع	ا	ل	م	ئ	ث	د	ق	آ	ن	و	ا
ظ	ع	ي	ذ	ي	خ	ح	ى	ح	م	ذ	ق	ح	ي	ب	ج
ع	ع	ة	ق	ة	ر	ع	ط	ف	ط	ل	ل	ا	ة	ؤ	س
ذ	س	و	ق	د	ا	م	ى	ذ	خ	إ	آ	ت	ظ	ع	ح

تفاؤل
العقلانية
الواقعية
معقول
تعاون
التسامح
اللطف
القيم
كرامة
حكمة

إيثار
دبلوماسي
محترم
الصدق
فلسفة
صبر
الفردية
النزاهة
عطف
إنسانية

85 - Antiek

ف	ث	م	ا	و	ا	ى	ع	ة	ق	ي	ن	أ	ز	غ	و
د	ق	ز	س	آ	ت	ا	آ	ج	د	إ	ر	ن	ص	ث	ض
ث	ا	ا	ت	ا	ح	و	ل	ع	ي	ج	س	ت	ط	ذ	ذ
آ	ض	د	ع	ز	ذ	ر	ز	م	م	ف	ن	ر	أ	ب	ظ
ض	ز	ع	ا	ص	د	ر	غ	ل	ى	ث	ئ	ز	ث	ل	ش
ص	ح	ل	د	ش	ص	آ	ؤ	ا	ى	ز	ش	د	ا	خ	ظ
ج	ض	ن	ة	أ	ص	ل	ي	ت	ك	ع	ن	ج	ث	ح	ج
غ	و	ي	ل	ل	د	ت	ي	م	غ	ق	م	ر	ص	ق	ئ
غ	ت	د	ق	ض	د	ئ	س	ع	ك	ي	ط	م	ح	ق	د
ق	ل	ح	ة	ث	ق	ط	ك	د	ة	ض	ر	ع	م	ض	ط
ف	ث	م	ن	ج	ا	م	ع	ن	س	ن	و	ع	ع	ن	ج
آ	ي	ض	ر	ل	ش	ع	ح	ي	ع	ك	ك	ر	ا	ا	ف
ة	م	ي	ق	ل	ا	ص	ت	ة	ن	ش	ي	د	ن	د	ف
ا	س	ت	ث	م	ا	ر	م	إ	ن	ة	د	ئ	ط	ض	ي
ذ	ب	ل	د	ي	ق	ف	ص	ن	ك	ل	ر	ف	ض	ط	ض
ؤ	د	ح	ؤ	ا	د	ث	ش	ؤ	د	ج	ح	ا	ج	ح	د

أصلي
النحت
ديكور
قرن
أنيق
معرض
استثمار
فن
جودة
أثاث

عملات معدنية
غير عادي
قديم
ثمن
استعادة
لوحات
نمط
مزاد علني
جامع
القيمة

86 - Activiteiten en Vrije Ti

د	ئ	ؤ	غ	ظ	ف	و	ص	ع	ة	ح	ا	ب	س	د	ؤ
ا	ص	خ	ذ	ا	ظ	ك	ظ	ؤ	ز	خ	ل	س	ن	ت	ؤ
س	ل	ا	ل	ا	س	ت	ر	خ	ا	ء	ك	ت	ج	ر	ظ
ا	ب	غ	ت	ح	ئ	ص	ا	ل	ش	إ	ر	ن	ي	ك	ج
ح	ض	ا	و	ف	و	و	د	ج	ع	ن	ة	ة	ذ	آ	و
آ	ة	ى	ق	ص	ك	ت	خ	ي	ي	م	ا	م	ض	آ	ل
ل	ف	ك	ك	ت	ر	ف	س	ل	ا	ط	ل	ك	و	ن	ف
ق	ذ	ث	خ	إ	ة	ى	س	خ	ئ	ك	ط	ا	آ	م	ج
ن	ض	م	ح	ت	ا	ي	ا	و	ه	ل	ا	ل	ك	ب	ؤ
آ	ص	آ	د	ت	ل	و	ب	س	ي	ب	ئ	م	ض	س	ئ
ن	ك	ر	ك	م	س	ل	ا	د	ي	ص	ر	ا	ض	ح	د
ظ	ث	ف	ؤ	ب	ل	ك	ة	ي	ص	و	ة	ئ	خ	آ	د
ش	ي	ن	ك	ض	ة	ش	ى	ث	ر	ا	ل	ل	و	ح	ة
ش	ا	س	ئ	ت	م	ك	ر	ة	ا	ل	ق	د	م	ت	ظ
ف	ن	ح	ح	ع	ى	ق	ا	ج	ن	ز	ل	م	ك	ؤ	ق
ج	ك	ف	ى	ل	ر	ع	ن	ف	د	ش	د	ز	ئ	ط	ذ

كرة السلة
ملاكمة
الغوص
جولف
صيد السمك
الهوايات
بيسبول
تخييم
فن
الاسترخاء
سباق
السفر
اللوحة
تصفح
تنس
بستنة
كرة القدم
الكرة الطائرة
سباحة

87 - Koffie

م	إ	س	ض	ض	ش	ء	و	و	م	ش	ر	و	ب	ل	م
ح	ش	ص	ع	ث	ي	ا	ذ	ف	ل	ت	ر	ك	ش	س	ق
ل	د	و	س	أ	ث	م	ن	ق	ئ	ح	ظ	إ	س	ن	ن
ي	ز	ع	ي	ى	ؤ	ز	ح	إ	ا	ك	و	ب	ن	ل	س
ب	ت	ر	ك	ض	ك	ط	ط	ض	س	ز	ي	ف	ك	ص	ا
ذ	و	ث	م	س	م	د	ن	ب	ى	ص	ن	ح	ف	أ	ن
إ	د	ص	ب	ا	ح	ح	ك	ا	ف	ي	ي	ن	ب	ل	ف
ش	ث	ر	ق	م	آ	ص	د	و	ز	آ	و	خ	ي	ا	ش
ر	ت	ن	ح	ي	ن	ا	س	ؤ	غ	إ	ب	د	ذ	ا	ك
ة	ة	ك	ز	آ	ت	د	ت	ح	ص	ض	ؤ	ن	ؤ	ئ	و
ح	ز	ه	ث	ل	ظ	ض	ع	ف	ب	م	ع	ن	ج	د	ن
ة	د	ة	غ	ق	ت	و	ل	ر	ي	ش	ب	ز	ؤ	إ	و
ل	م	ش	ج	ش	ن	ب	ح	م	و	د	خ	و	ش	ح	ع
غ	ئ	ب	ص	ص	ض	ؤ	ر	ر	ط	ة	غ	ط	ل	ى	ش
ذ	ج	و	ك	ر	ي	م	ا	و	آ	ح	خ	ث	ى	غ	ظ
ف	ث	ي	م	س	ب	آ	ج	د	د	خ	ث	إ	ط	إ	ط

كوب
مر
كافيين
مشروب
فلتر
مشوي
طحن
حليب
صباح
الأصل

ثمن
كريم
نكهة
السكر
نوع
سائل
ماء
حمضي
أسود

88 - Schaken

ص	م	ز	ق	م	ا	م	خ	ق	ذ	ط	م	م	ن	ق	م
ر	ز	آ	خ	ك	و	ع	ق	غ	غ	س	ل	ن	ب	و	م
آ	ل	ي	ت	ي	ج	ض	ا	ض	ج	ل	ك	ا	ل	ث	ة
إ	س	ت	ر	ا	ت	ي	ج	ي	ة	و	ة	ف	ا	ع	ث
ك	ة	ق	ا	ذ	ك	ي	س	ب	ق	ه	ص	س	ع	إ	ة
ن	ش	و	ة	ي	ح	ض	ت	أ	ب	ج	ب	ة	ب	ف	ن
ذ	ك	ل	ة	ش	د	و	س	أ	ا	م	ل	ك	ك	ع	ظ
و	ص	ا	ن	م	ا	ح	ب	ب	س	ل	ل	د	ى	ؤ	ق
ا	ل	ن	ق	ا	ط	ج	ت	ط	م	ل	ح	ع	ف	ك	ط
ط	ع	ى	ث	ن	ؤ	خ	م	ل	ل	ي	ب	ا	ت	آ	ر
ة	خ	ح	ن	ي	م	ص	خ	ل	ا	ن	ر	و	غ	ي	ي
ا	ؤ	ك	خ	آ	ى	ط	ؤ	ع	ل	ب	ك	ق	إ	د	ل
ط	إ	غ	ئ	ا	ي	د	ذ	ب	ج	م	ب	ز	ر	ل	ل
غ	ؤ	ض	ض	ا	ر	ب	ت	ه	ة	ك	ئ	ر	ت	ع	ض
ن	ج	ز	م	ذ	س	ش	آ	ق	ف	ؤ	ئ	ب	آ	س	ك
خ	ض	و	ل	ل	آ	ص	ص	ع	ض	آ	ل	ت	ن	غ	ا

قطري
بطل
ملك
ملكة
ليتعلم
تضحية
مبني للمجهول
النقاط
قواعد
ذكي

لعبه
لاعب
إستراتيجية
الخصم
الوقت
مسابقة
التحديات
منافسة
أبيض
أسود

89 - Boerderij #1

ذ س م ل ن ت ي ث ى ت ز ف ت و س ج
ع م ئ ة ئ س ظ ك ة ث خ م ز ش ش ن
م ا ء و ص ي ق م ز ن م ض م ذ ر ى
ب د ج ا ج م ت ث ج ن ا ص ح ل س ع
ذ آ ا م ظ ب ذ ذ آ غ ت ف ب ل ك ي
و ذ ي م ن ط ض ظ ر ض ة ع ا ر ز ط
ر ر س ا ز ئ م ا ل ج ع ف ز س ك ق
آ غ ب م غ غ ب ظ ي ئ ش ث ؤ ؤ ن ع
ط س ح خ ج ظ ص ن ظ ح ى ر ؤ خ ا ؤ
ع ع ق آ غ ت إ ق ا آ أ ذ ق ئ ي آ
ؤ ط ي ر غ ص ب ب ق ر ة ت س ل ؤ إ
ن ث خ ف ث ن ج ب ز ا ق ث ع ل آ ح
ر ث ض ظ ى ل ظ د ع م د ق ف ز ظ ذ
ث ع ب د ط ق ج خ ا ح و ي ح س ك س
ث ة ل ح ن ح ت غ م ت ك ا ك ث ث ع
د ك ي ط ش ن ج ص ى د ح و ؤ ط ص ع

نحلة
حمار
ماعز
سياج
كلب
عسل
تبن
عجل
قط
دجاج

بقرة
غراب
قطيع
زراعة
سماد
حصان
أرز
حقل
ماء
بذور

90 - Huis

ض	ظ	م	غ	ح	ز	آ	ق	ى	ث	ي	ب	د	ش	ؤ	م
ط	ف	ص	ز	ر	ل	خ	ع	ي	ف	ة	ق	ي	د	ح	ئ
ة	ه	ب	ل	ع	ف	إ	ز	غ	س	ة	أ	ذ	ع	ا	ع
ظ	ح	ا	ر	د	ق	ة	د	ا	ج	س	ش	ف	ي	ئ	ع
ق	ز	ح	ض	ت	س	م	ك	ن	س	ة	ج	ز	د	ط	م
ب	ي	ل	ث	إ	ن	و	م	د	خ	ن	ة	آ	ر	م	ك
و	ي	ت	ن	ت	ج	ن	ؤ	خ	ب	ط	ز	ق	ى	ف	ت
ظ	ر	أ	ث	ا	ث	ة	ش	و	ط	ش	ب	ص	ث	و	ب
م	ش	ئ	ظ	ج	ش	ف	ب	س	م	ق	ة	ص	ذ	س	ة
ق	ب	ج	ا	ر	ك	ر	ة	ع	ص	خ	ك	م	ح	ؤ	ذ
ب	ى	ا	آ	ذ	و	غ	ب	خ	ج	ر	ا	ح	ى	ط	ز
م	ن	ي	ب	ذ	ب	ة	ث	ؤ	ع	س	ق	آ	ص	ا	ب
ق	ظ	س	ة	ل	ص	ز	خ	إ	ئ	ف	إ	ظ	ز	ظ	ش
ج	ت	ص	ك	ل	م	خ	ذ	و	ج	ى	ى	ن	د	ع	ؤ
م	ك	ع	ل	س	ص	ن	ع	ض	ط	ف	ز	د	و	ج	ب
ظ	ك	ؤ	ز	ك	ظ	ذ	ر	م	ط	ى	ب	د	ز	ت	ص

مكنسة
مكتبة
سقف
باب
دش
كراج
مدفأة
سياج
غرفة
قبو

مطبخ
مصباح
أثاث
حائط
مدخنة
غرفة نوم
مرآة
سجادة
حديقة
علبه

91 - Geometrie

ل	ع	ج	م	أ	ز	ى	ل	م	ت	غ	ت	م	ح	ز	ب
ح	ر	ض	ذ	ف	خ	ا	ى	ة	ع	ط	ق	ث	ك	ز	ى
ح	ب	ئ	ح	ق	ت	ث	و	ة	ش	ا	و	ل	ت	ر	ح
ح	س	ا	ب	ي	ن	م	و	ي	ك	ي	د	ث	ل	ق	ة
ئ	ؤ	ف	ل	د	ا	ج	ي	ر	ة	ز	آ	ل	ة	ط	ب
ش	ث	و	ل	ئ	ظ	ر	غ	ظ	ر	خ	ا	ع	ة	ر	ؤ
ص	ك	ئ	ؤ	ح	ر	ر	إ	ن	ئ	ع	م	و	د	ي	و
ئ	ح	إ	ج	ئ	ر	ج	ة	ش	ا	ا	س	ض	م	س	ع
ذ	ق	ى	ج	ك	خ	ج	إ	ى	د	ف	غ	ا	ا	ئ	ذ
ط	ن	ن	إ	إ	ع	ا	د	ة	ع	ت	غ	ل	ط	ف	ة
ط	ح	ي	ف	ش	ز	و	ط	ع	ب	ر	م	ذ	ا	ث	م
ي	ج	ذ	و	ض	ق	و	ن	ب	ل	ا	ب	ة	ن	ع	إ
ا	ل	و	س	ي	ط	آ	د	ل	ا	ؤ	ل	س	ر	ص	ض
ط	ؤ	ة	س	ى	ن	ح	ن	م	ذ	ن	س	ط	ت	ن	ز
إ	ط	ج	ح	ح	م	غ	آ	ؤ	غ	ط	غ	ح	ن	س	ح
ة	ح	ا	ذ	ل	ف	د	ج	ق	ح	ط	إ	ت	خ	ط	ة

حساب
دائرة
منحنى
قطر
البعد
مثلث
زاوية
ارتفاع
أفقي
منطق

كتلة
الوسيط
سطح
مواز
قطعة
تناظر
نظرية
معادلة
عمودي
مربع

92 - Jazz

ق	ة	ي	ن	غ	أ	أ	ق	ح	ب	ه	ا	و	م	ل	ا
ج	ل	ط	ل	غ	خ	و	ذ	ك	ف	ر	ة	آ	ل	ؤ	ا
ر	س	م	ش	ه	و	ر	ش	ج	ز	ن	ف	ز	ر	ب	ص
آ	ز	ن	ذ	ن	ذ	ك	ص	ت	ق	ن	ي	ة	ة	ز	ر
ذ	ع	و	ن	ل	ا	س	ى	ن	ا	ح	ل	إ	غ	ز	ك
م	ا	ر	ص	ض	ث	ت	ر	ن	ا	ل	ى	خ	آ	ك	ا
ض	ق	ئ	ر	ب	إ	ر	ف	ش	ل	م	ج	خ	ل	ل	ا
و	ي	ئ	ص	ذ	ح	ا	ا	ق	م	ق	ى	ئ	ج	ذ	ق
ى	إ	ق	ل	ا	خ	د	ل	ن	ف	م	ق	د	ا	د	ي
ن	ي	و	ك	ت	غ	ؤ	ت	ق	ض	ى	ي	ذ	ي	ص	ف
إ	ز	و	ج	ن	ق	م	ر	ث	ل	د	س	م	ذ	آ	ص
غ	ق	ش	ن	ب	ئ	م	ك	ذ	ة	م	و	ب	ل	أ	ت
ح	ف	ل	ة	م	و	س	ي	ق	ي	ة	م	ف	ض	خ	ج
إ	ة	ك	آ	ى	ع	غ	ز	ل	ا	ج	ت	ر	ا	ل	ا
ر	ع	ذ	ب	ح	و	ح	م	آ	ب	د	ئ	آ	ح	ض	آ
س	ص	م	ف	ا	غ	ؤ	و	غ	ل	ر	ر	آ	ؤ	ع	ث

موسيقى
التركيز
الجديد
أوركسترا
قديم
إيقاع
تكوين
نمط
المواهب
تقنية

ألبوم
تصفيق
فنان
مشهور
ملحن
حفلة موسيقية
المفضلة
النوع
الارتجال
أغنية

93 - Getallen

ب	ت	ة	ف	ك	ن	ا	ت	ن	إ	ش	و	ح	ا	د	و
ف	خ	ن	إ	ف	ا	ث	د	ؤ	ع	ب	ع	ض	ث	إ	ا
ئ	ط	ى	ل	س	ذ	غ	ت	خ	د	آ	ى	ح	ن	م	ح
ف	ت	ي	خ	ض	ط	ط	ض	ي	س	ا	ذ	ر	ا	ظ	د
ط	ل	ا	ج	ى	ث	خ	خ	ر	ظ	إ	ئ	ش	ع	خ	ع
ذ	خ	ى	ك	آ	ل	م	ئ	ب	ي	غ	ح	ع	ش	ق	غ
ث	ئ	أ	ر	ب	ع	ة	ا	ؤ	ع	ش	ر	ة	ر	ظ	إ
س	ل	م	س	ت	ة	ئ	ظ	ن	ب	ؤ	ف	ع	ط	ئ	ت
ى	ث	ا	ث	ل	ا	ث	ة	خ	ي	ض	ص	ب	ر	ي	س
د	ن	ف	ث	ل	إ	ض	و	ك	ذ	ة	ن	س	ف	ظ	ع
و	ج	ل	ف	ة	ق	ر	س	ى	ق	س	ع	ر	ص	ا	ة
غ	ي	ر	ر	ش	ع	ة	ع	ب	ر	أ	س	ش	ظ	ث	ع
ؤ	ى	د	ع	ئ	ث	ش	د	ت	ض	ر	ب	ع	ر	ن	ش
خ	م	س	ة	ع	ش	ر	ر	ر	س	ق	ع	ة	ض	ا	ر
ش	ز	ى	د	ث	م	ا	ن	ي	ة	ع	ة	ت	ج	ن	ب
غ	ت	ع	ش	ر	و	ن	ر	ص	غ	ق	ة	س	م	خ	ؤ

ثمانية
ثمانية عشر
ثلاثة عشر
ثلاثة
واحد
تسعة
تسعة عشر
صفر
عشرة
اثنا عشر

اثنان
عشرون
أربعة عشر
أربعة
خمسة
خمسة عشر
ستة
ستة عشر
سبعة
سبعة عشر

94 - Boksen

ا	ف	ط	ن	ى	م	ك	ح	ي	ع	ط	آ	ك	ط	م	ع
ر	ل	خ	ة	و	ق	ي	ج	م	ك	د	ى	ر	ك	ل	ة
ي	م	ت	ا	ز	ا	ف	ق	ب	د	م	ل	ك	ع	ا	ر
ك	و	ع	ع	ق	ت	غ	ى	غ	إ	ل	ث	و	ك	ب	ا
ؤ	ر	ب	ي	ا	ل	ج	و	ق	ز	ن	ل	ع	ل	ح	ه
ج	ط	خ	ر	ب	ف	ز	ؤ	ب	آ	ف	ث	ش	س	ل	م
ك	ج	ئ	س	ظ	ش	ي	م	ض	ك	ع	ض	ت	ع	ا	ة
ا	ح	ر	ك	ي	ق	ك	ر	ة	خ	ض	ز	ع	ى	ل	ب
خ	غ	ن	س	ث	ص	ر	ه	م	ا	خ	ج	ة	د	ن	ذ
ت	ى	ش	د	ع	ي	ت	ق	ا	ر	ظ	ذ	إ	م	ق	ر
ح	ب	آ	ي	ة	ا	ل	ن	ز	ا	إ	ر	ا	ظ	ا	ك
م	ا	ل	ذ	ى	ث	ا	ا	ن	ب	ب	ر	ي	ح	ط	ن
ج	ل	ا	س	ذ	ب	ج	ل	ر	ئ	ذ	د	ض	ف	ظ	ك
ة	ب	م	ج	م	ق	ة	خ	ى	ب	ح	ط	ئ	ة	ظ	إ
إ	ج	ث	ة	ة	ذ	ن	ص	ي	ذ	ث	إ	ذ	آ	ذ	د
ي	ى	ل	ط	ئ	م	ش	م	ض	ص	ي	ق	ر	ض	خ	ب

كوع
التركيز
قفازات
التعافي
ركن
ذقن
جرس
قوة
جثة
النقاط

حكم
ركلة
سريع
الخصم
الحبال
مرهق
مهارة
مقاتل
قبضة

95 - Boerderij #2

ص	ع	ح	ي	ث	غ	م	ص	ظ	ظ	ا	د	غ	ا	ق	آ
ب	ك	إ	ا	ب	د	ث	ج	ظ	ى	د	ت	ز	ل	ز	ع
ه	س	ق	م	م	ز	ل	ص	ي	ز	ظ	م	و	خ	ث	و
ل	و	ت	ق	ى	ر	غ	ث	غ	ؤ	ع	ز	ق	ض	ى	ذ
ة	ج	ض	ا	ن	ج	ج	ع	ذ	ي	ج	ا	و	ر	ر	ج
ج	ص	آ	ض	ن	س	ر	م	غ	ؤ	ت	ر	ز	و	م	ج
ة	ز	م	إ	ث	ص	ئ	ا	ي	ت	ي	ع	ؤ	ا	ل	غ
ث	ب	ة	ة	ج	ع	م	ع	ر	ش	ع	ي	ر	ت	د	ب
ح	ب	و	ب	ذ	ر	ة	ط	ب	س	ا	ر	آ	ا	ط	ح
ي	غ	ك	س	ن	ن	ر	ع	ع	ل	ر	ل	ج	ن	ح	ل
ك	ر	ة	آ	ذ	آ	ي	ق	ص	م	ل	ا	ظ	ا	ق	ي
ئ	ت	ف	ض	ش	ط	ظ	م	ب	ن	ا	خ	ر	و	ف	ب
ذ	ط	ط	ل	ت	ج	ح	ح	ت	ظ	ز	ي	ت	ي	ز	ذ
ط	ا	ح	و	ن	ة	ه	و	ا	ئ	ي	ة	ر	ح	ت	م
ا	ز	ط	ب	د	س	ت	ف	ش	ج	د	ك	م	ل	ة	آ
ظ	ى	ك	ع	ب	م	ا	ف	ا	ك	ه	ة	م	ا	ظ	ؤ

مزارع
بستان
الحيوانات
بطة
فاكهة
شعير
الخضروات
الراعي
الري
لهب

حبوب ذرة
حليب
ناضج
خروف
حظيرة
قمح
جرار
طعام
مرج
طاحونة هوائية

96 - Psychologie

ى	ط	م	ي	ق	ت	س	ج	ت	د	ي	ك	ث	ف	ع	ف
ت	ك	ا	ر	د	إ	ل	ا	ف	ب	ق	ز	ج	و	ك	ا
ؤ	ت	ل	ت	ح	ا	ذ	ل	ط	ظ	ص	ا	ر	غ	ي	ق
ل	ز	ح	غ	أ	ل	ؤ	ع	ا	ت	ة	ك	س	ب	د	د
خ	ص	أ	ى	د	ث	ة	ع	و	م	و	و	ا	ق	ع	ا
ذ	ك	ر	ي	ا	ت	ي	ا	ع	و	ك	ل	س	ص	و	ل
م	ن	ف	إ	ص	ب	ص	ر	ل	ط	ط	س	ح	د	م	و
م	ع	ر	ف	ة	ق	ط	غ	ا	ط	ق	ئ	إ	ذ	ى	ع
ي	ع	ا	ة	ئ	ن	آ	ث	ط	ت	ف	ز	غ	ا	م	ي
إ	ص	ك	ط	ر	ى	ث	ح	ق	ف	ض	و	و	م	ج	ن
ت	ي	ف	ا	ذ	ع	ج	ؤ	ع	ا	ز	ن	ل	م	ص	م
ط	إ	أ	ش	خ	ص	ي	ة	غ	م	ل	ش	د	ة	ث	ش
ي	ظ	ر	ض	ي	ن	ف	ئ	غ	ع	ر	أ	ح	ج	م	ك
ح	ظ	ر	ش	ى	ؤ	و	ن	س	ط	ح	ص	ن	غ	ر	ل
ن	ن	ص	ل	ة	ل	آ	ص	غ	ئ	ث	ث	ث	ا	ض	ة
ت	ظ	ح	ا	ى	ل	ص	ك	ط	ي	ك	و	ز	ز	ي	ؤ

إحساس
ذكريات
تأثيرات
مرحلة الطفولة
مرضي
الإدراك
شخصية
مشكلة
واقع
علاج

موعد
تقيم
فاقد الوعي
معرفة
نزاع
أحلام
الأنا
العواطف
أفكار
سلوك

97 - Zakelijk

ن	ل	آ	ل	ل	ا	ؤ	ا	ت	م	ص	خ	ا	ا	ى	ا
و	ش	ى	خ	خ	ي	ث	ل	ؤ	ي	ظ	ج	ز	ك	ج	ل
ل	ي	ث	ب	ص	آ	ي	إ	ل	ز	ى	ك	خ	ذ	ص	ا
ة	م	ي	ل	م	ل	ة	ي	ش	ا	خ	ف	ت	ة	و	ق
ي	ك	ت	ئ	س	ئ	ل	ر	ذ	ن	م	ئ	ؤ	م	ن	ت
ر	ط	م	م	ج	ت	ح	ا	ظ	ي	ى	ت	ظ	م	ج	ص
ا	ل	ض	ر	ا	ئ	ب	د	م	ة	إ	ب	ت	ك	م	ا
ج	ى	ا	ا	س	ع	ر	ا	ت	ف	ب	ي	ا	م	ل	د
ت	ح	ل	م	ص	خ	ب	ت	ج	ل	ظ	ع	ن	ص	م	ي
ة	ا	م	ث	ف	ي	ج	ز	ر	ك	م	و	ر	ن	ع	ة
ي	ن	ا	ت	ي	ي	ى	ا	إ	ت	ظ	ز	م	ف	ل	ن
ل	ج	ل	س	ق	ؤ	ي	ئ	ى	ل	خ	ج	ج	ك	ا	ص
م	ؤ	ي	ا	ث	ك	ش	خ	ق	ا	آ	ي	ئ	ش	ب	ظ
ع	ه	ة	ك	ي	ا	إ	ؤ	ف	ب	ك	ت	ل	ر	ح	ط
ت	ت	ن	ض	ذ	ز	ط	ص	ج	ط	س	و	س	ك	ا	خ
ي	ح	غ	ة	ل	م	ع	آ	إ	ك	آ	ا	ع	ة	ص	ط

شركة
ميزانية
الضرائب
مهنة
الاقتصاد
مصنع
المالية
مال
الإيرادات
استثمار

مكتب
خصم
التكلفة
عملية تجارية
عملة
بيع
صاحب العمل
موظف
متجر
ربح

98 - Voeding

ا	ة	ح	ص	ل	ا	ئ	ف	ع	آ	خ	ك	ف	ؤ	آ	ب
ل	ج	ؤ	ب	ظ	ن	ة	و	ق	ج	غ	ه	ض	م	ج	ت
ب	ا	ل	ك	ر	ب	و	ه	ي	د	ر	ا	ت	ت	و	خ
ر	ذ	ي	ذ	غ	م	ل	ا	ك	ش	آ	و	خ	ح	د	ظ
و	و	ر	ي	ى	ب	ق	ل	غ	ز	ا	ح	م	ي	ة	ط
ت	آ	ة	ر	ن	ت	ت	ض	ت	ز	ل	ز	ى	ح	ص	غ
ي	ح	ف	ي	ت	ا	م	ي	ن	آ	إ	ؤ	ص	غ	ل	ر
ن	ى	ظ	ة	ك	ش	و	ل	ئ	ا	و	س	ت	إ	ص	م
ا	ي	ح	ص	ط	ز	آ	ب	ك	ؤ	ة	خ	ش	س	ى	ق
ت	ك	ظ	ث	ن	ف	ي	ا	م	ع	م	ظ	ن	م	ي	ح
ذ	ق	ش	ز	ا	ذ	ى	و	ر	ي	و	ف	ك	ف	د	ق
ز	ن	ط	ع	ر	ط	ت	ت	ر	د	ت	ص	ه	ة	د	ل
ت	ت	س	ش	ر	ش	ئ	ح	ة	ي	ه	ش	ة	إ	ز	ل
ع	ع	ز	ن	ئ	غ	ة	ل	ك	أ	ل	ل	ح	ل	ا	ص
ش	ز	ر	ث	خ	ؤ	غ	ث	ا	ط	ز	ج	ش	ح	ك	د
ث	ت	ج	ص	ث	د	ح	ؤ	ج	ن	ن	س	ج	ض	ج	ح

الكربوهيدرات
جودة
صلصة
نكهة
توابل
هضم
سم
فيتامين
سوائل
المغذي

مر
حمية
صالح للأكل
شهية
البروتينات
متوازن
تخمير
وزن
صحي
الصحة

99 - Chemie

ك	ة	ت	آ	و	ل	م	غ	آ	م	ت	ك	ش	و	ا	ل
ط	ر	ن	ي	ج	و	ر	د	ي	ه	م	ل	ح	ح	ن	ن
ئ	ا	ب	ط	آ	س	ك	ر	د	ف	ع	ل	ح	ى	ى	ذ
ح	ر	ت	و	ض	ك	ب	ة	ر	ل	ض	ئ	غ	ؤ	ث	س
م	ح	ص	ف	ن	ة	ر	ا	ر	ح	ل	ا	ة	ج	ر	د
إ	ل	ك	ت	ر	و	ن	و	ي	أ	ث	س	و	ز	ن	د
ع	ض	و	ي	و	ب	ذ	ق	و	ن	ة	د	ظ	ف	ة	م
ن	ق	م	ؤ	ل	ش	ؤ	ى	ل	و	ك	ح	ث	ح	ح	ب
إ	و	ل	ح	ك	م	و	ف	ق	ك	س	ذ	ل	م	ؤ	ت
ش	ذ	ي	ب	ا	ل	م	ع	ا	د	ن	ئ	ئ	و	ى	ظ
ا	ر	ر	إ	ش	ة	ى	ض	ض	غ	ط	د	د	ض	و	ط
ا	ن	ؤ	ى	ي	ر	ت	أ	ك	س	ج	ي	ن	د	ج	ب
غ	ن	ز	ش	ذ	ا	ؤ	ب	خ	ر	ج	ع	ف	ق	خ	ن
ف	غ	ا	ي	و	ا	ي	ل	و	خ	ط	ط	س	آ	ذ	د
ب	ذ	غ	إ	م	غ	ل	ر	ة	آ	ا	ذ	ظ	س	ل	ط
خ	ط	ث	غ	ة	آ	ظ	ج	د	ر	س	ز	ن	ض	آ	غ

قلوي
كلور
إلكترون
انزيم
غاز
وزن
أيون
محفز
كربون
المعادن

مركب
عضوي
رد فعل
درجة الحرارة
سائل
حرارة
هيدروجين
ملح
حمض
أكسجين

1 - Metingen

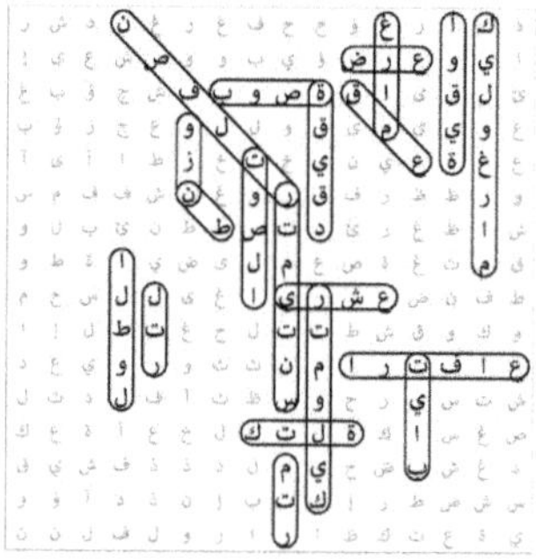

2 - Opwarming van de Aarde

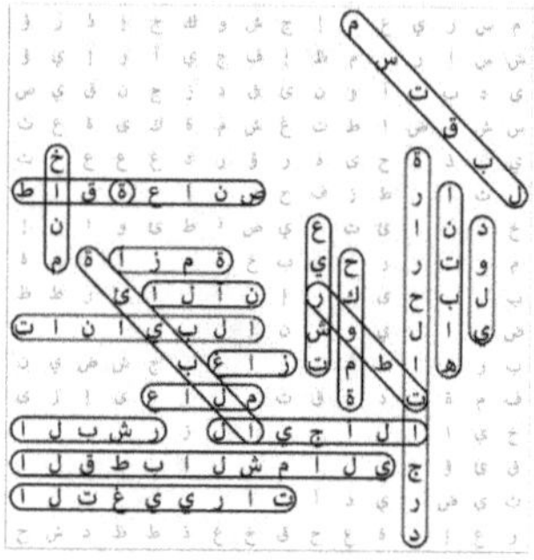

3 - Keuken

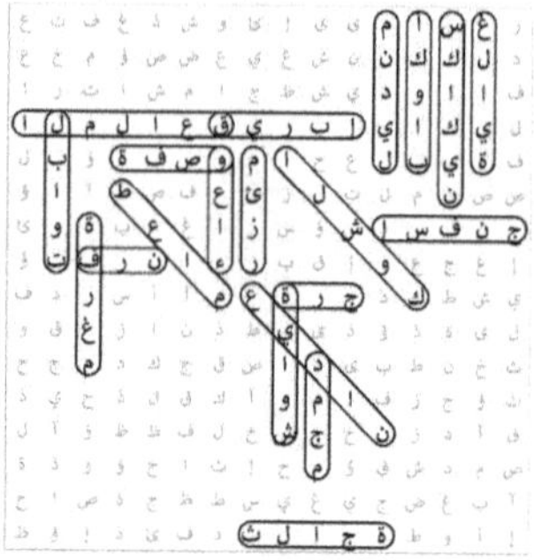

4 - Boten

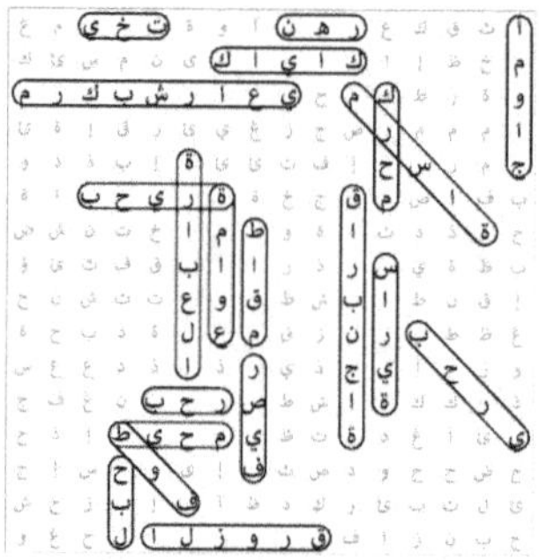

5 - Gezondheid en Welzijn #2

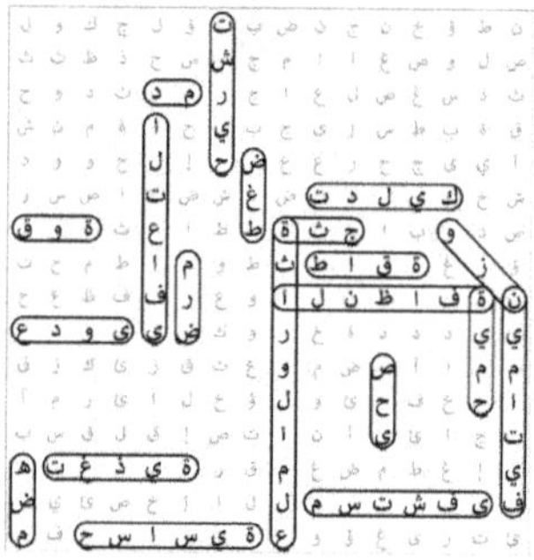

6 - Tijd

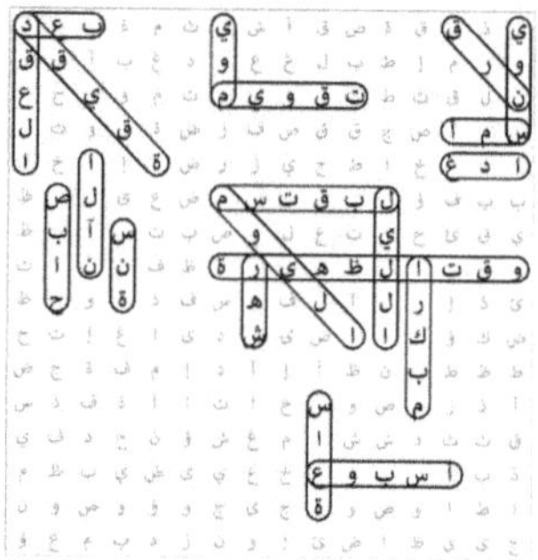

7 - Meditatie

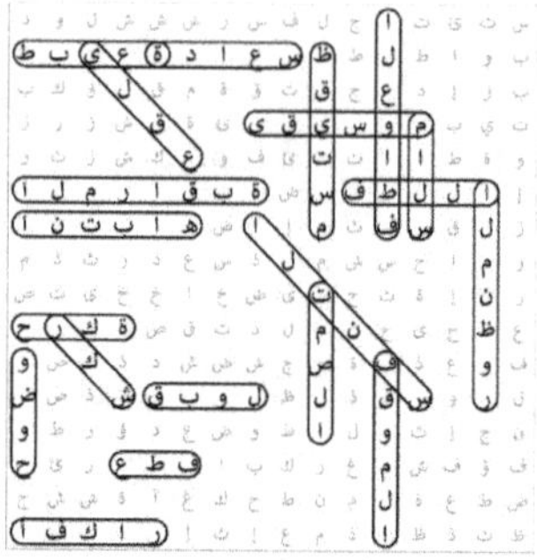

8 - Muziek

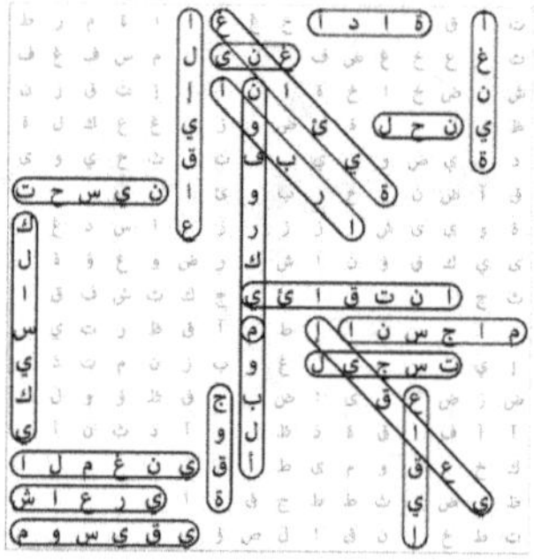

9 - Vogels

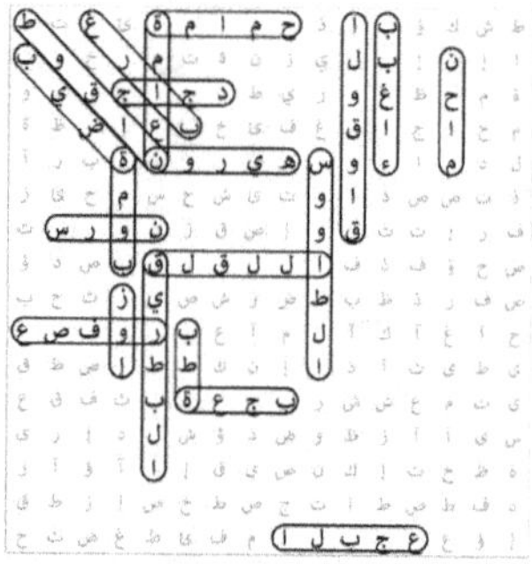

10 - Behoud

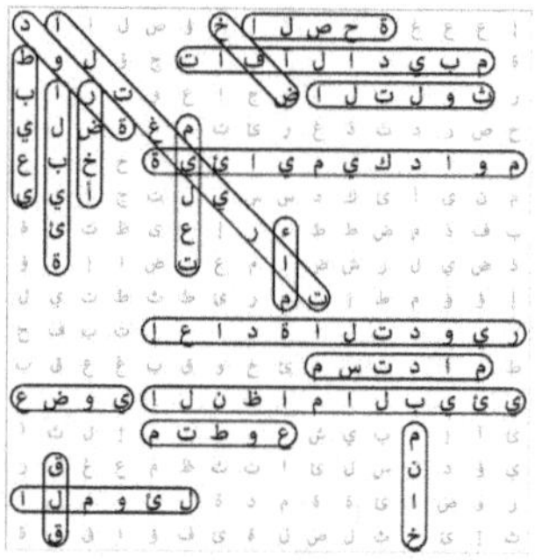

11 - Wiskunde

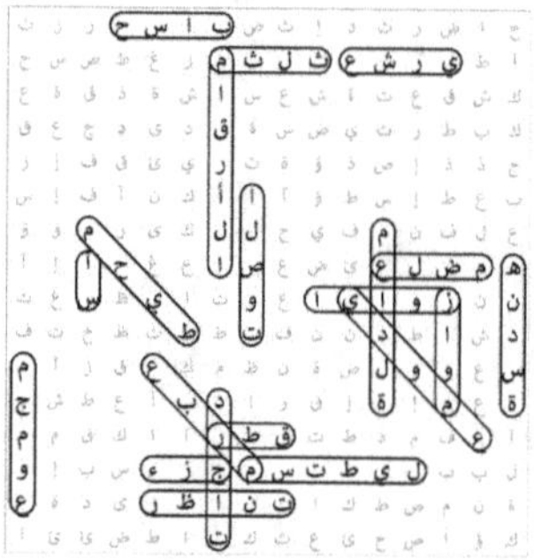

12 - Gezondheid en Welzijn #1

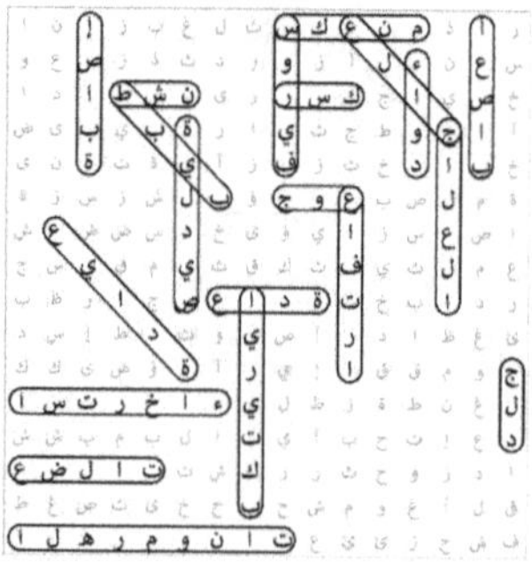

13 - Camping

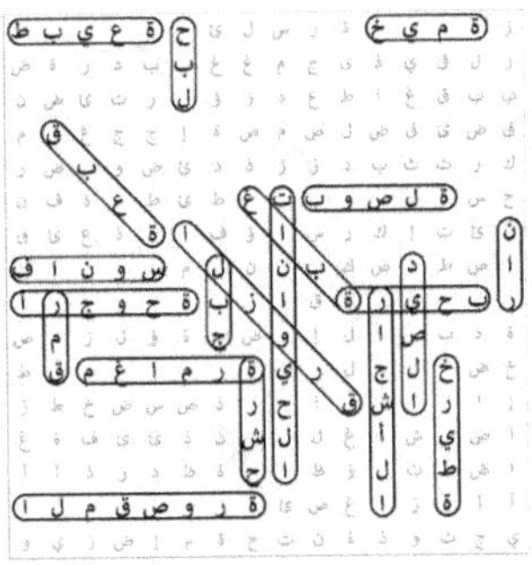

14 - Algebra

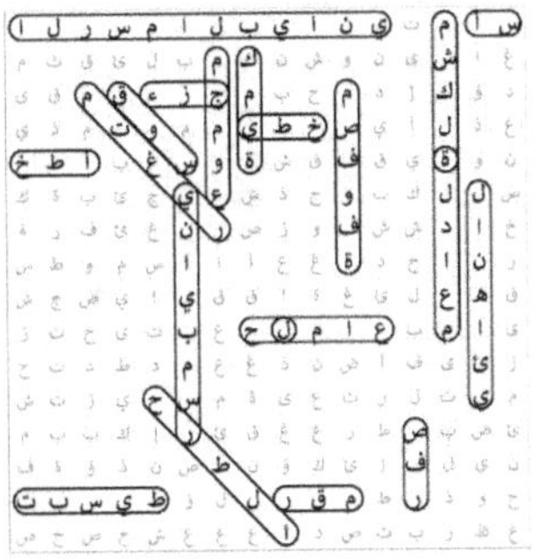

15 - Activiteiten

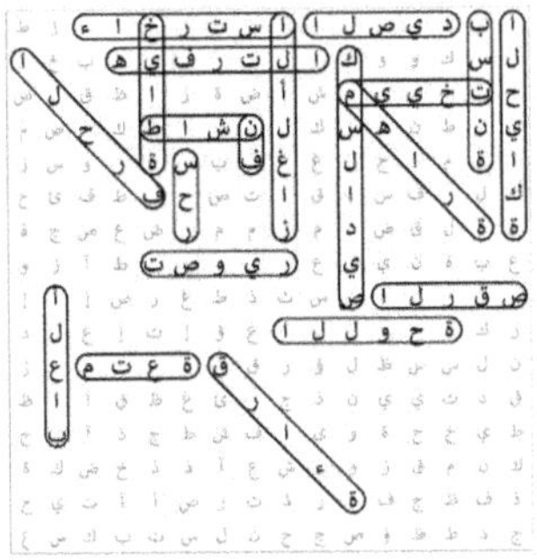

16 - Diplomatie

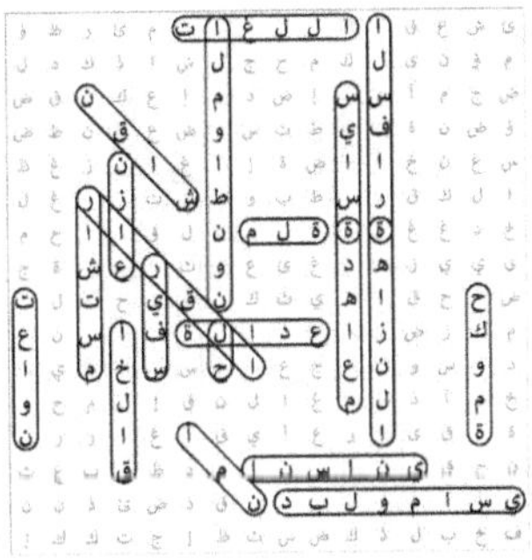

17 - Astronomie

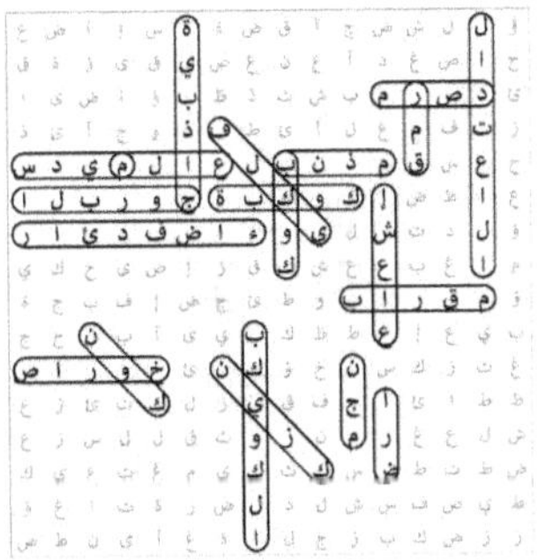

18 - Emoties

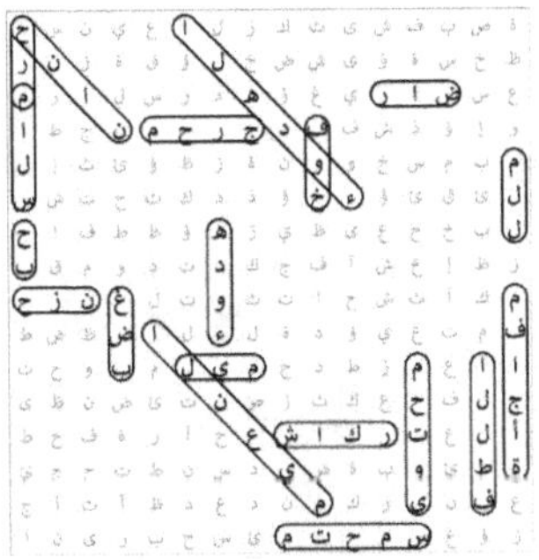

19 - Vakantie #2

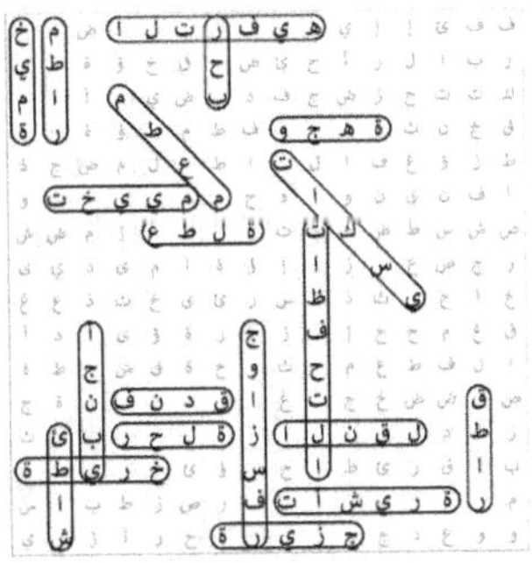

20 - Weersomstandigh

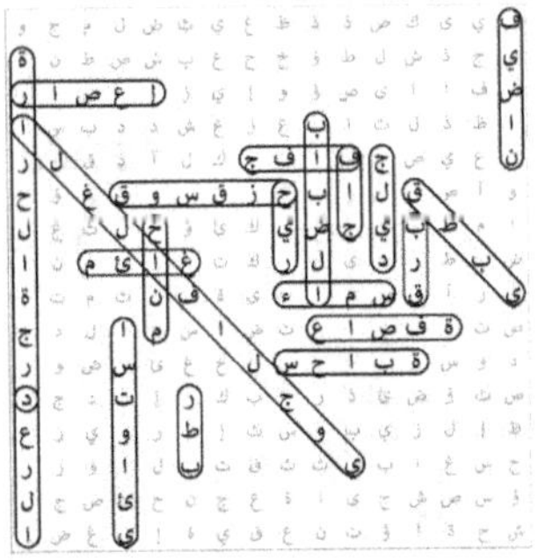

21 - Eten #2

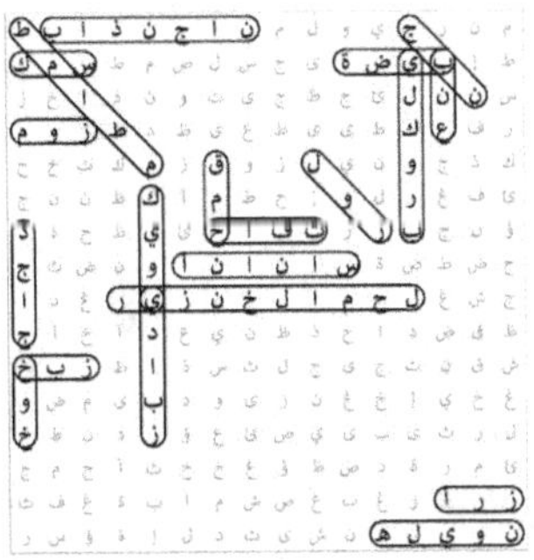

22 - Restaurant #1

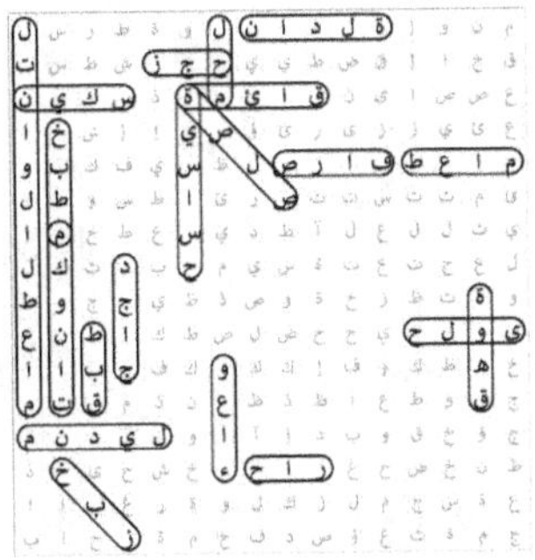

23 - Geologie

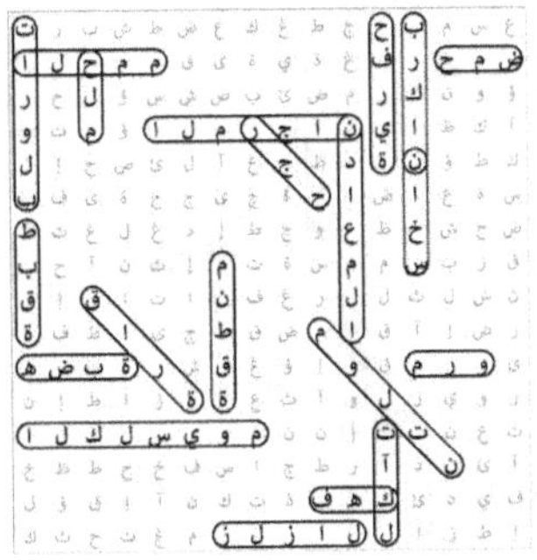

24 - Specerijen

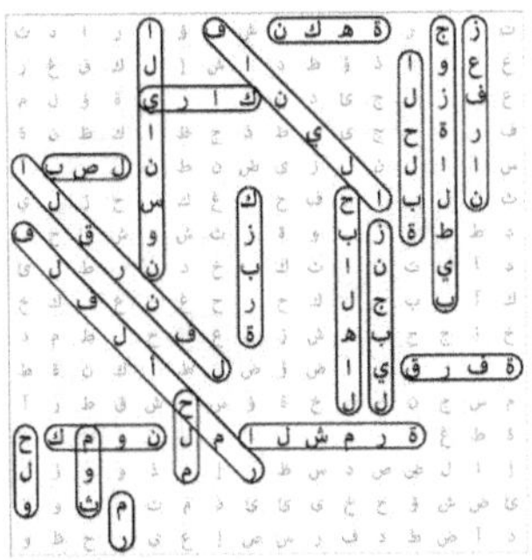

25 - Groenten

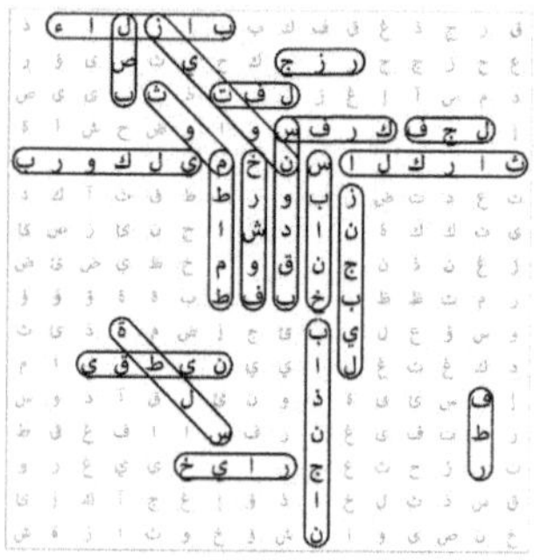

26 - Archeologie

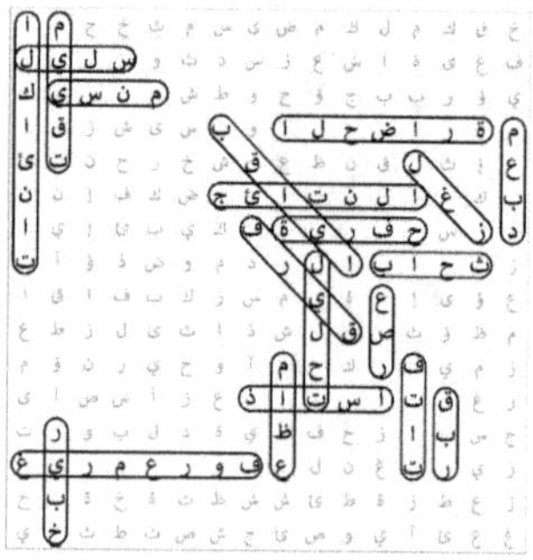

27 - Dans

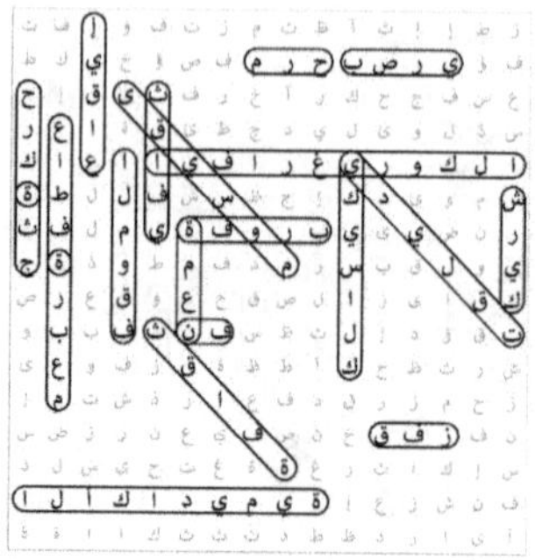

28 - Ziekte

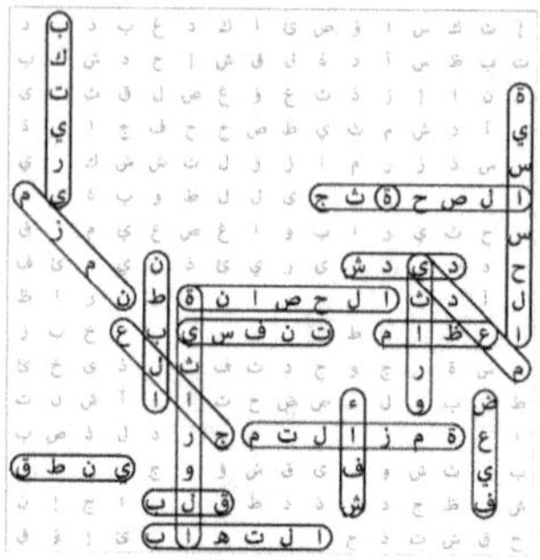

29 - Mythologie

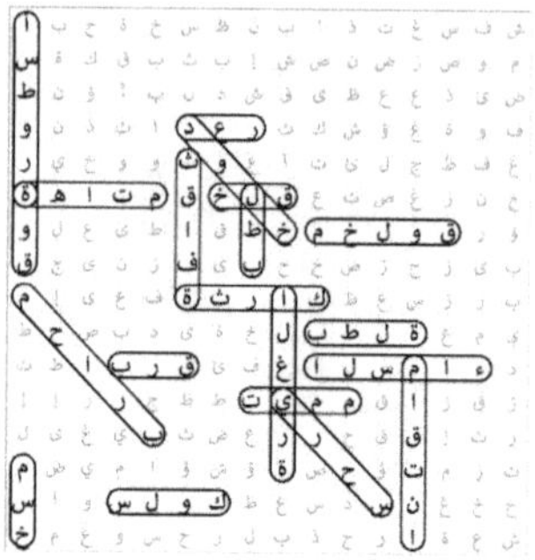

30 - Eten #1

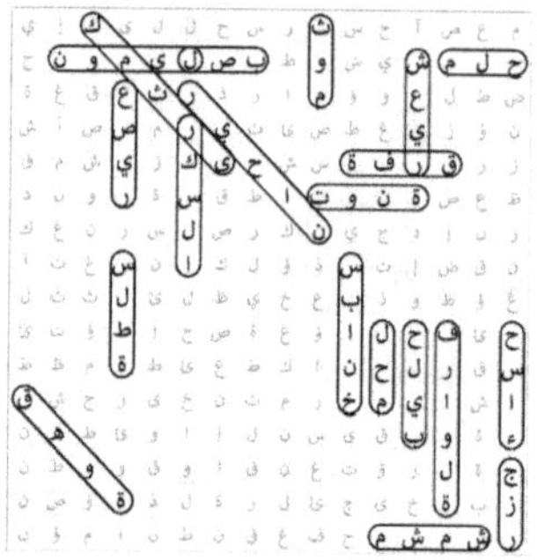

31 - Avontuur

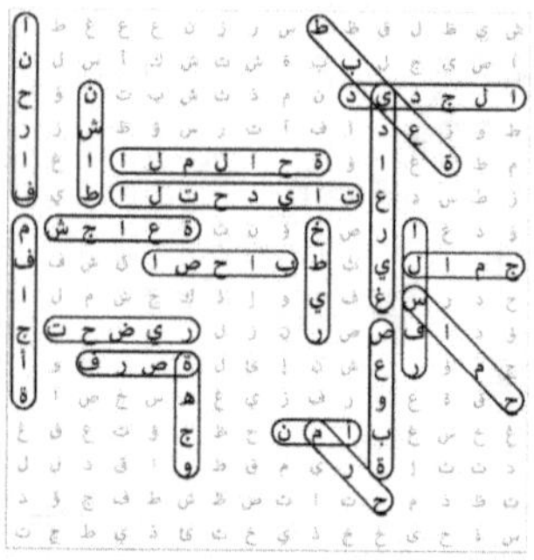

32 - Restaurant #2

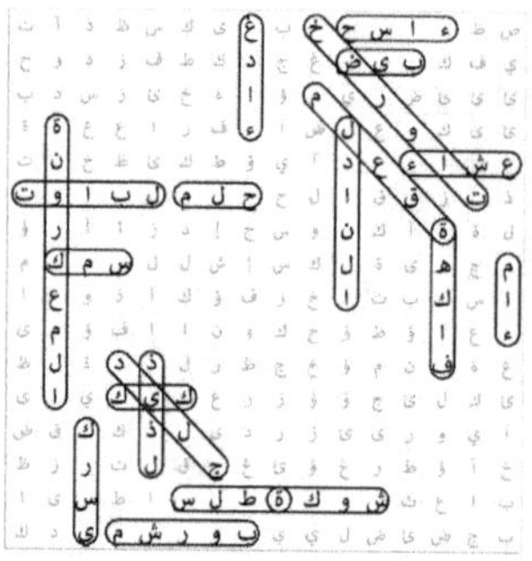

33 - De Media

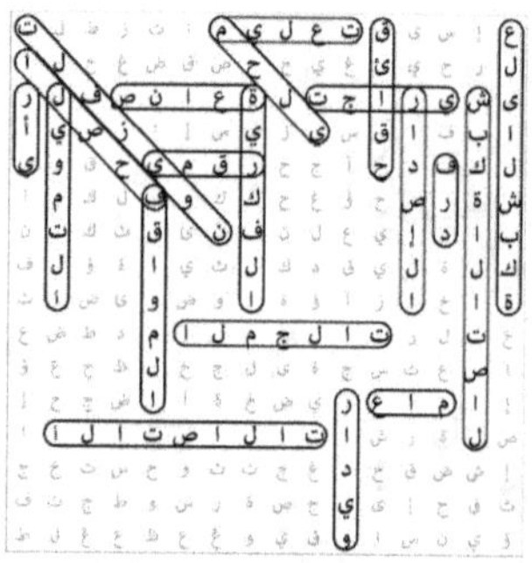

34 - Bijen

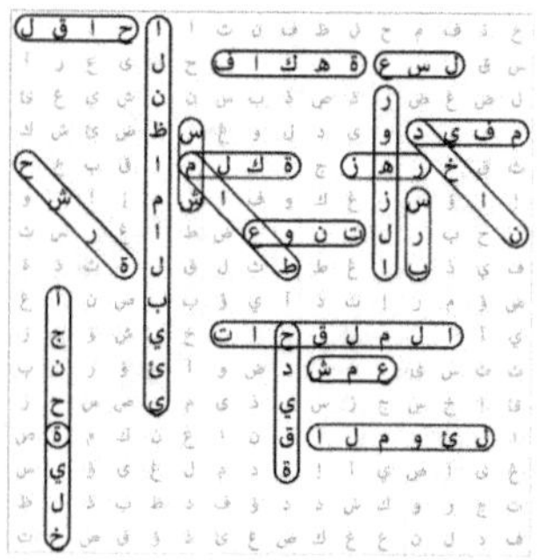

35 - Wandelen

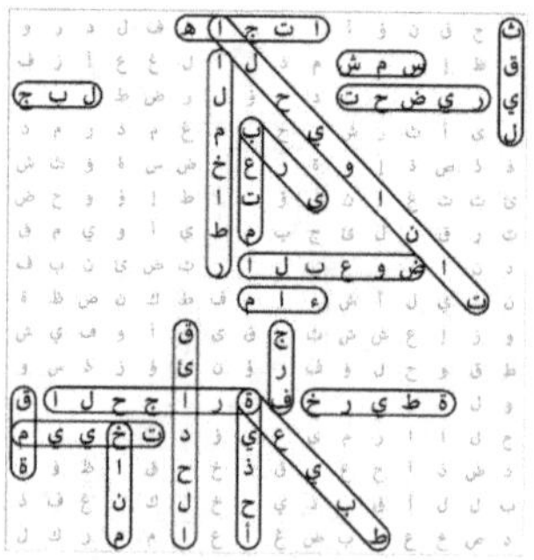

36 - Ecologie

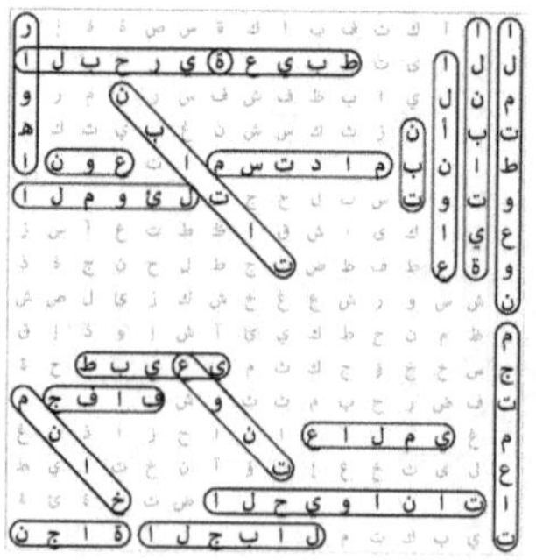

37 - Biologie

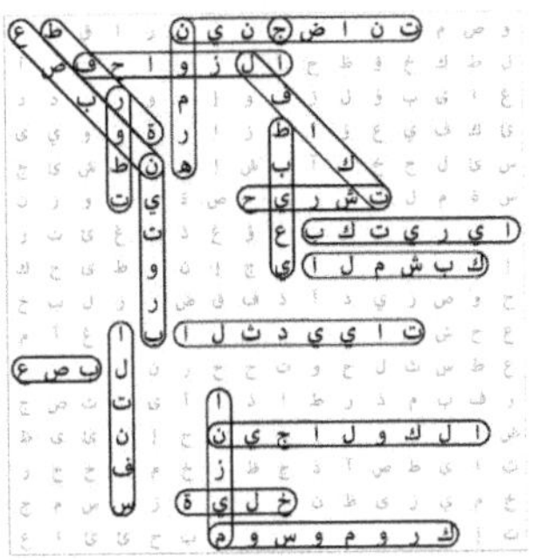

38 - Landen #1

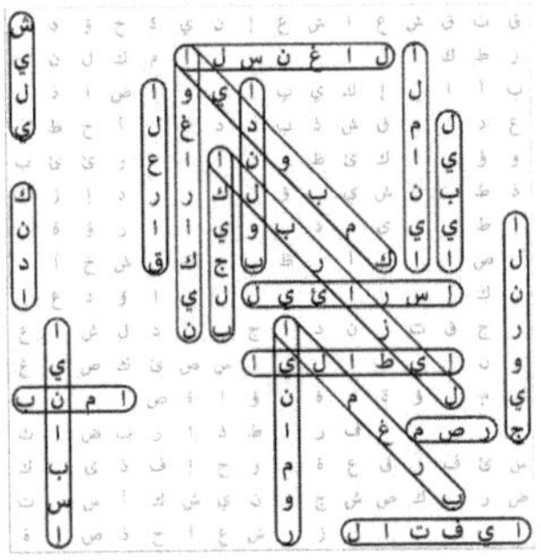

39 - Installaties

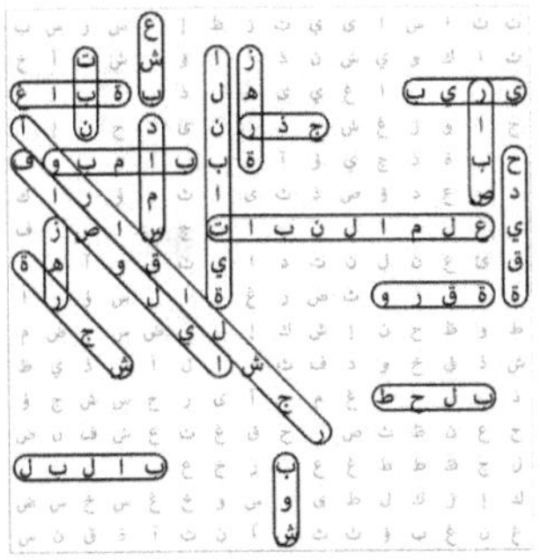

40 - Agronomie

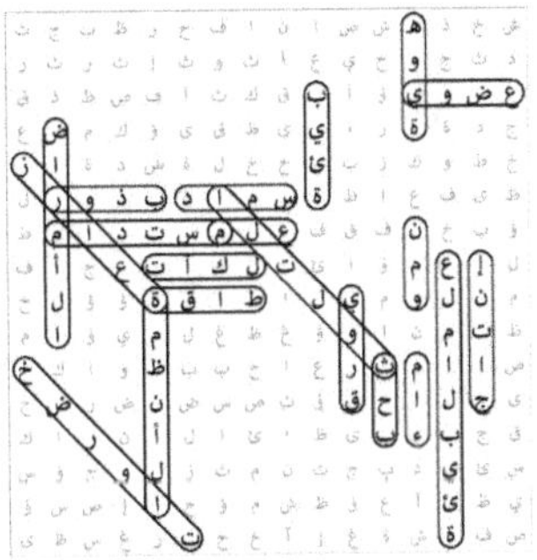

41 - Oceaan

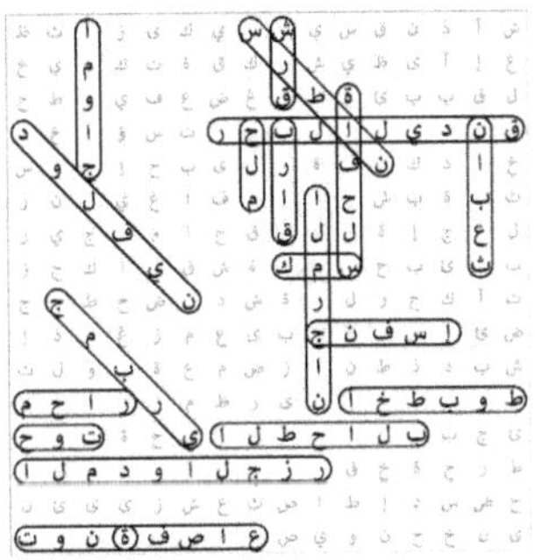

42 - Landen #2

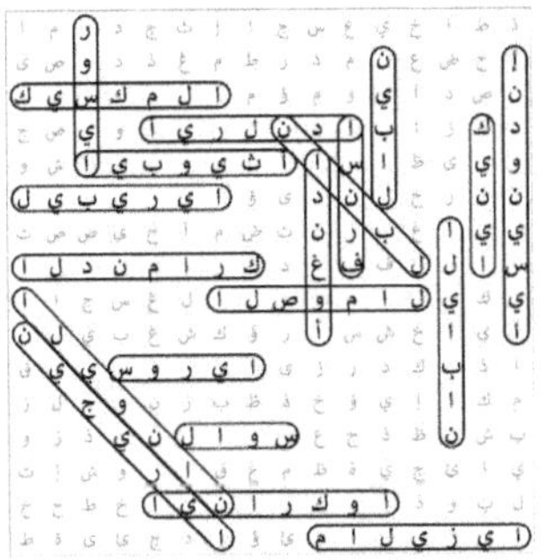

43 - Bloemen

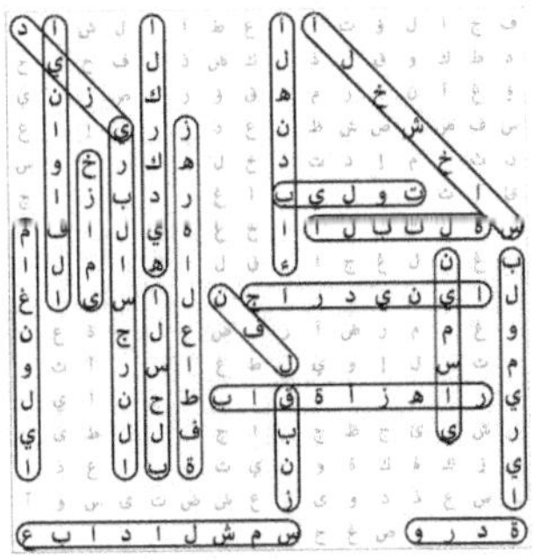

44 - Landschappen

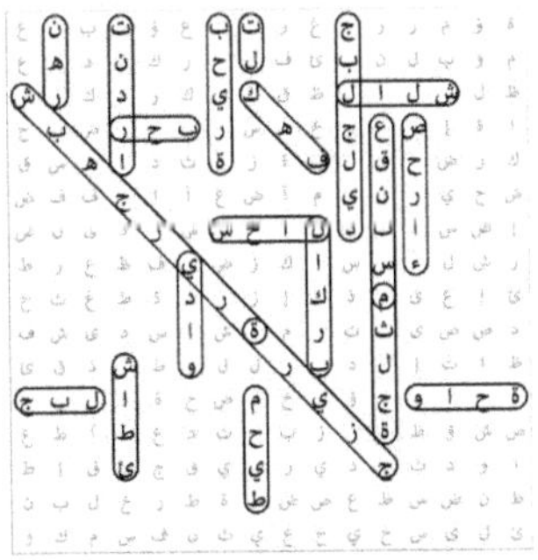

45 - Tuin

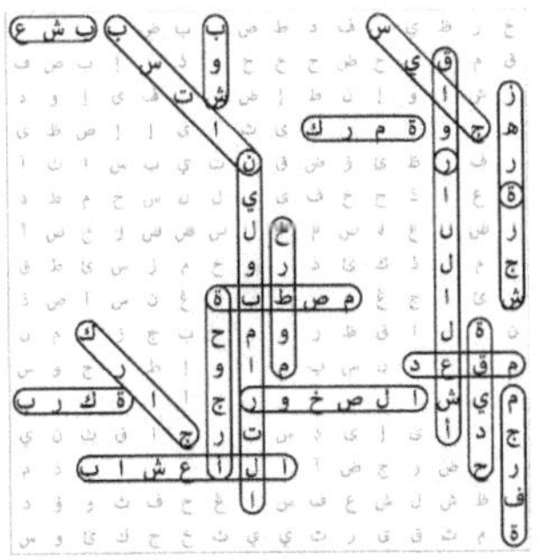

46 - Beroepen #2

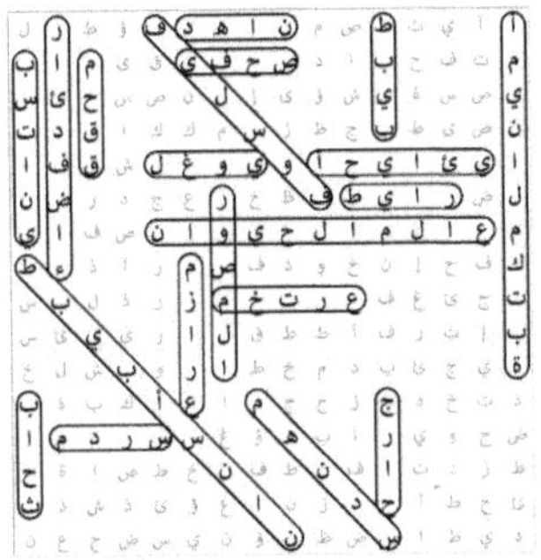

47 - Dagen en Maanden

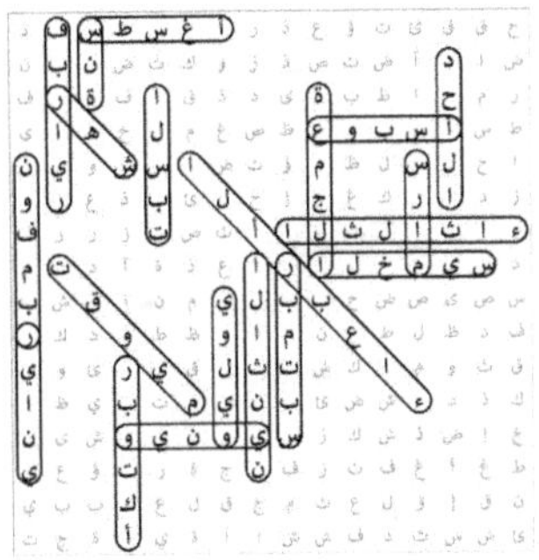

48 - Tuinieren

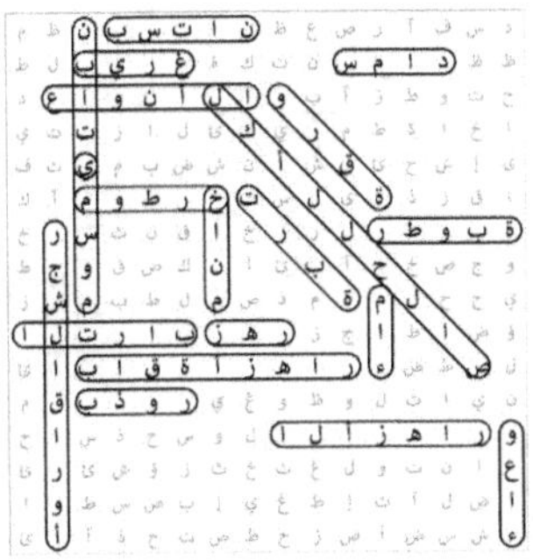

49 - Menselijk Lichaam

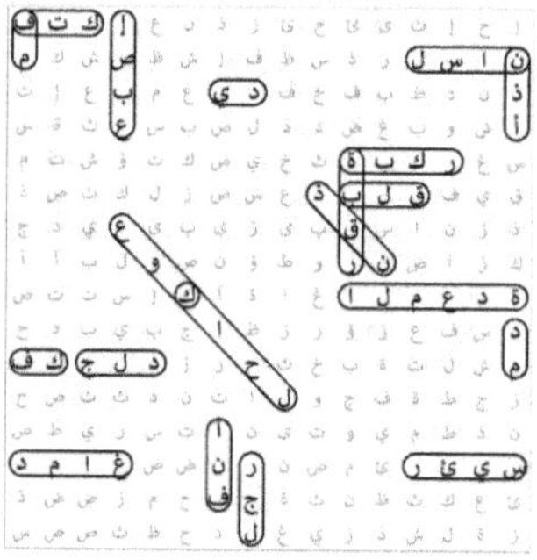

50 - Energie

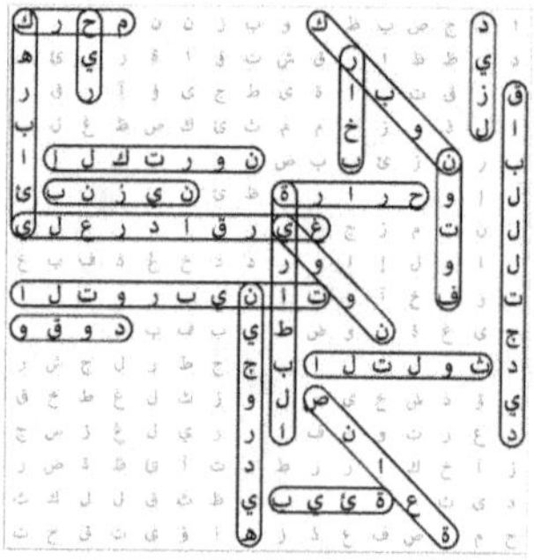

51 - Familie

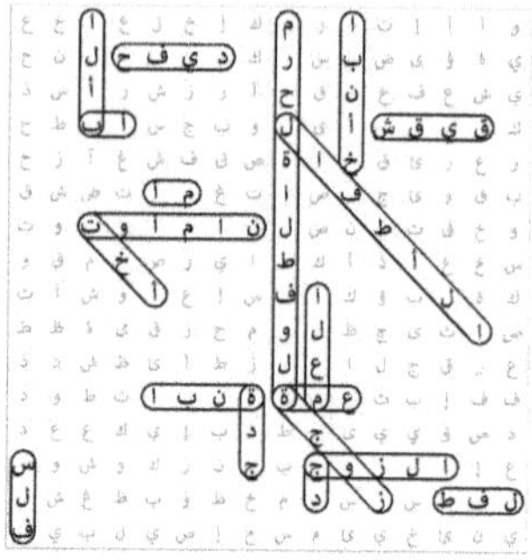

52 - Gebouwen

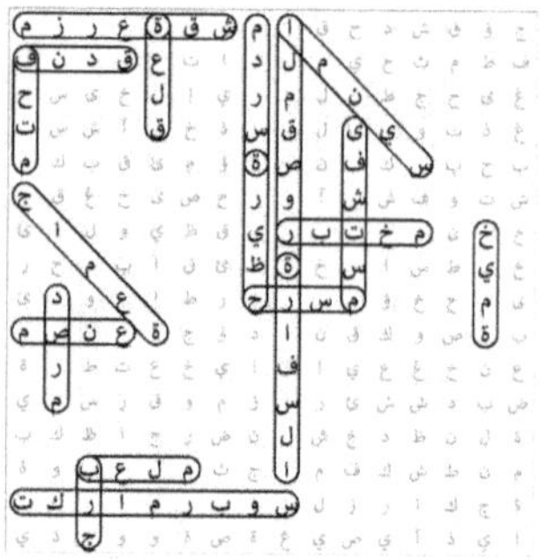

53 - Kunst

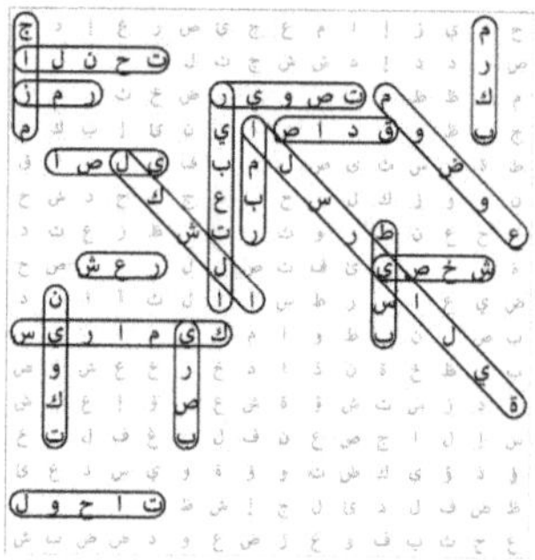

54 - Beroepen #1

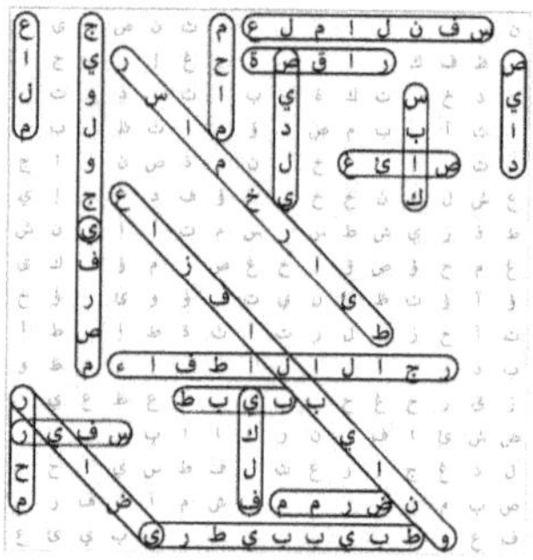

55 - Antarctica

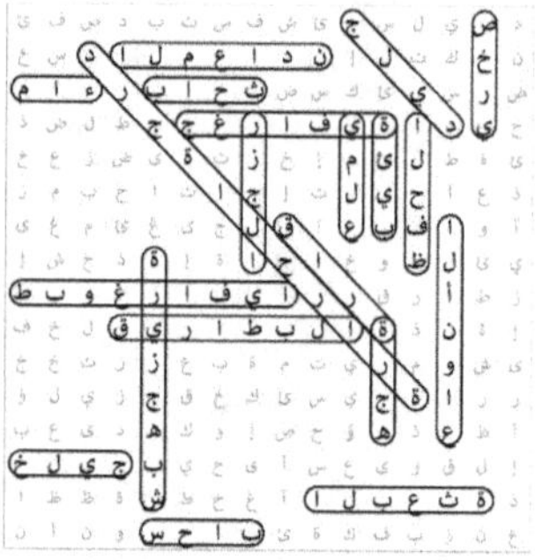

56 - Ballet

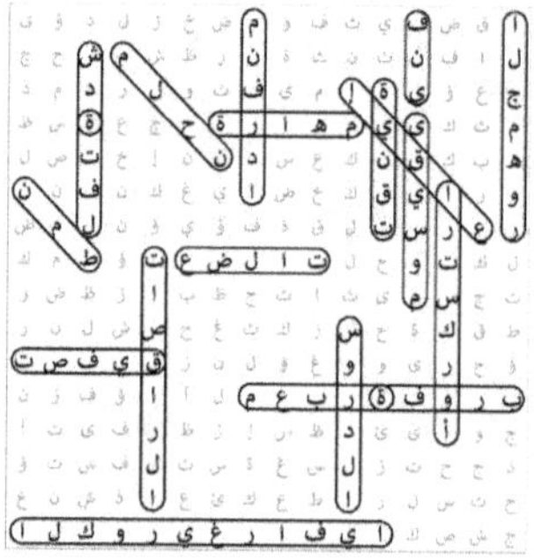

57 - Fruit

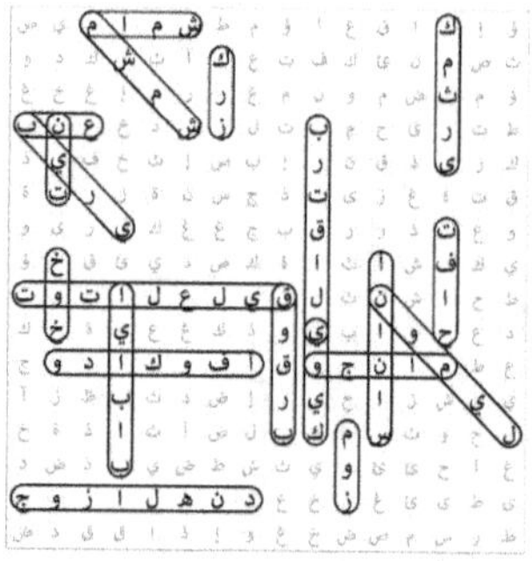

58 - Engineering

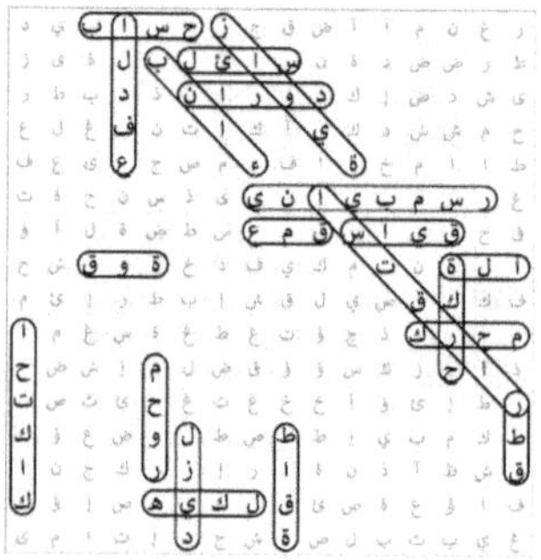

59 - Literatuur

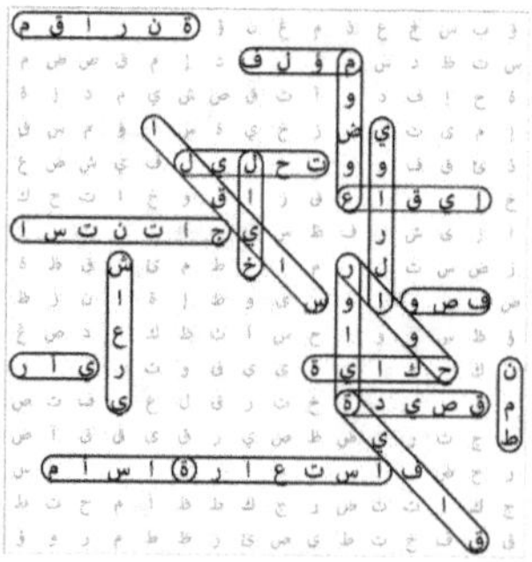

60 - Boeken

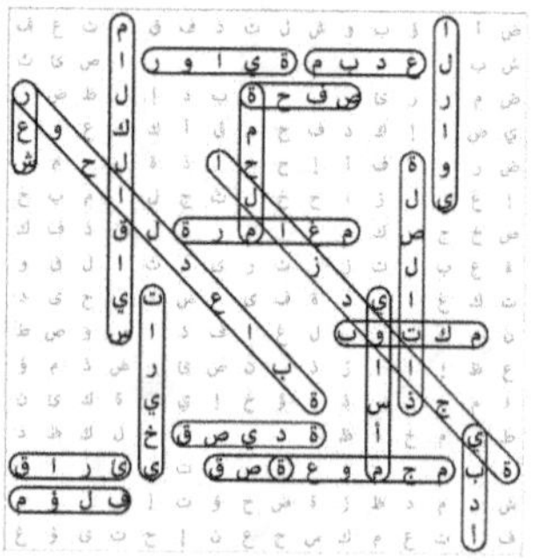

61 - Meer Informatie

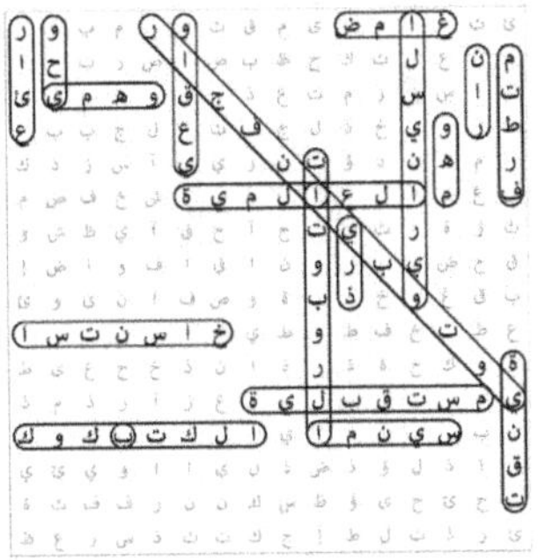

62 - Regenwoud

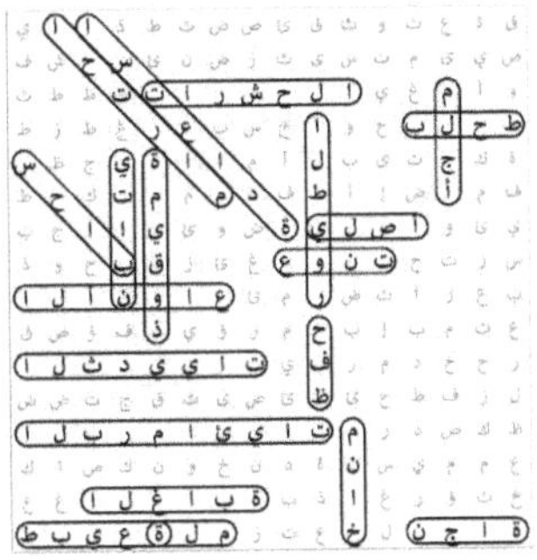

63 - Haartypes

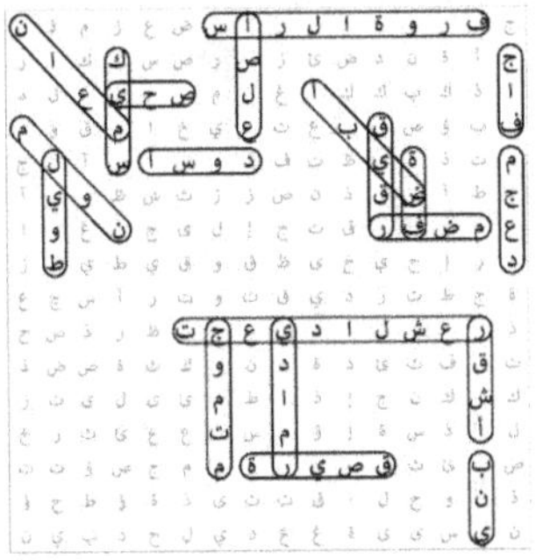

64 - Stad

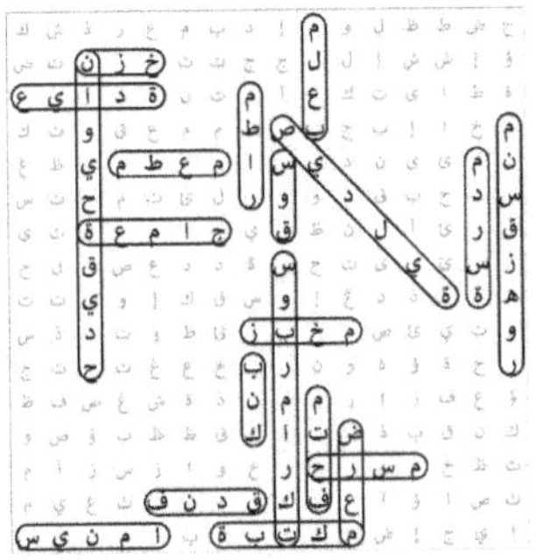

65 - Creativiteit

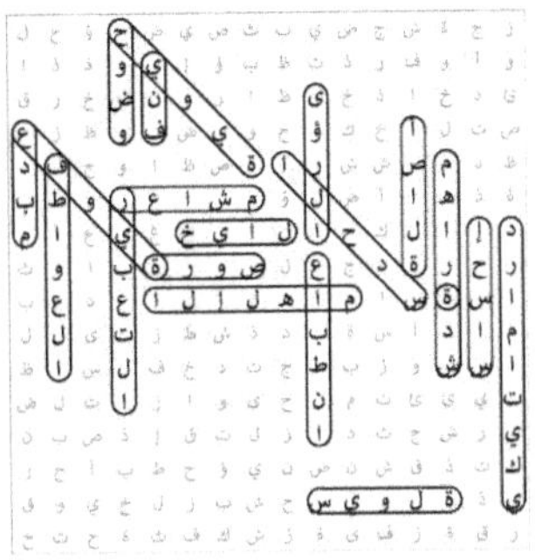

66 - Natuur

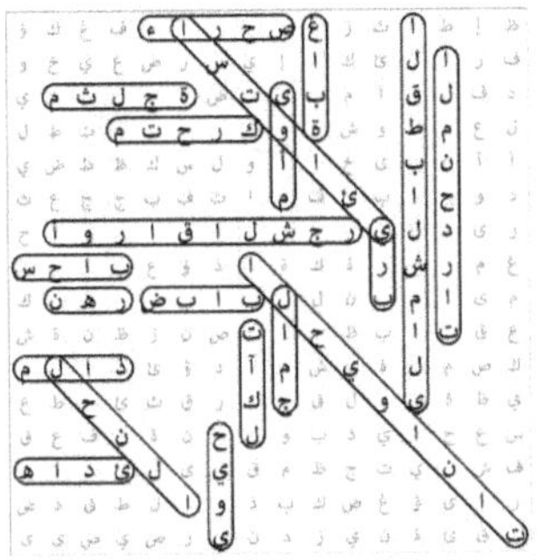

67 - Zoogdieren

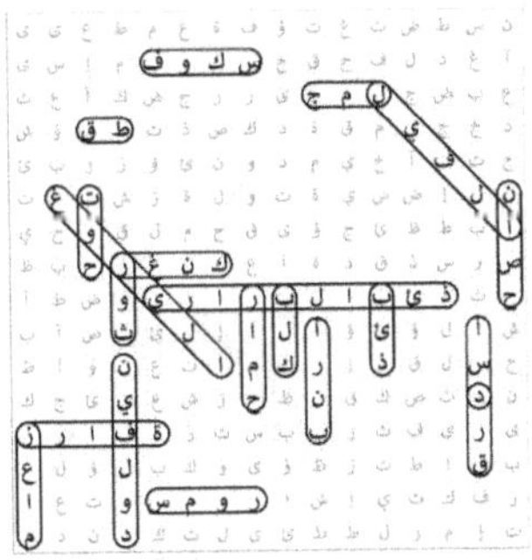

68 - Overheid

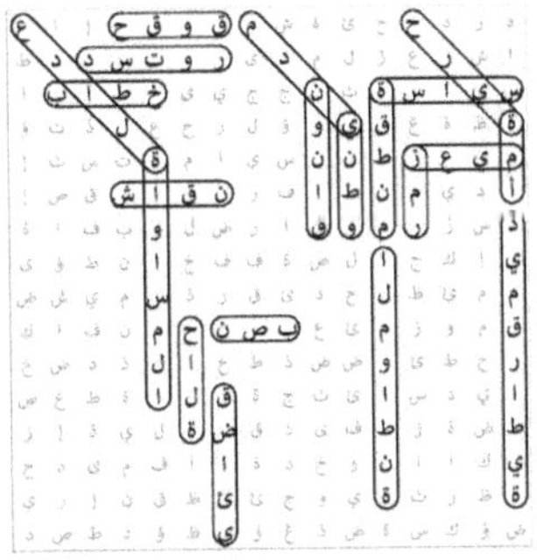

69 - Voertuigen

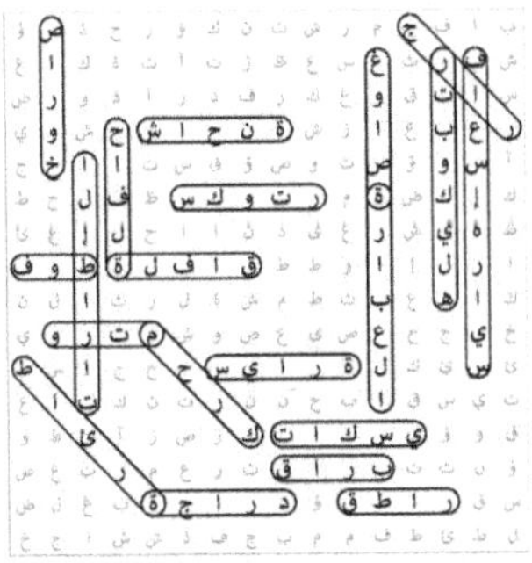

70 - Geografie

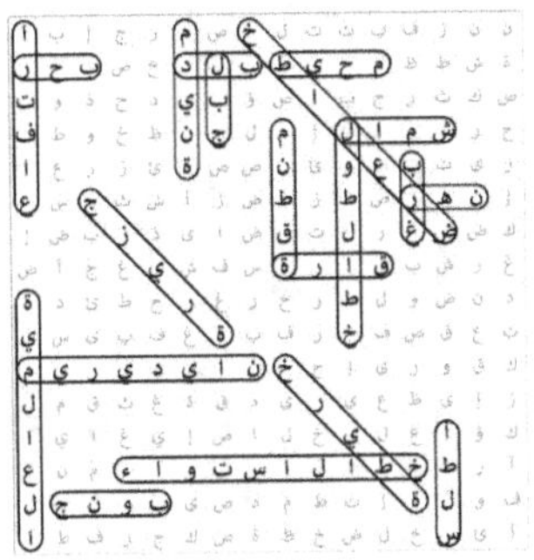

71 - Kunstbenodigdhe

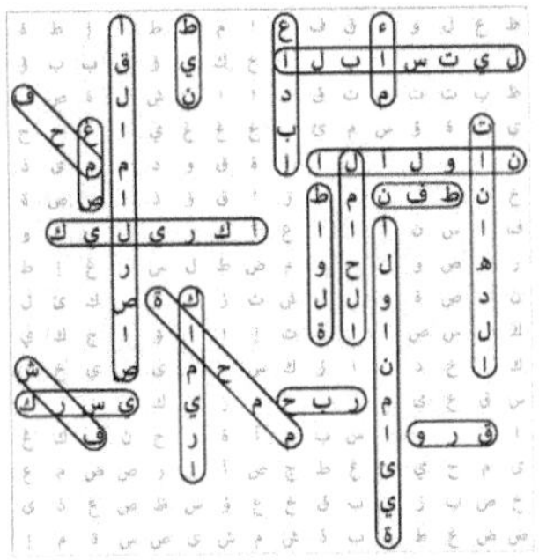

72 - Barbecues

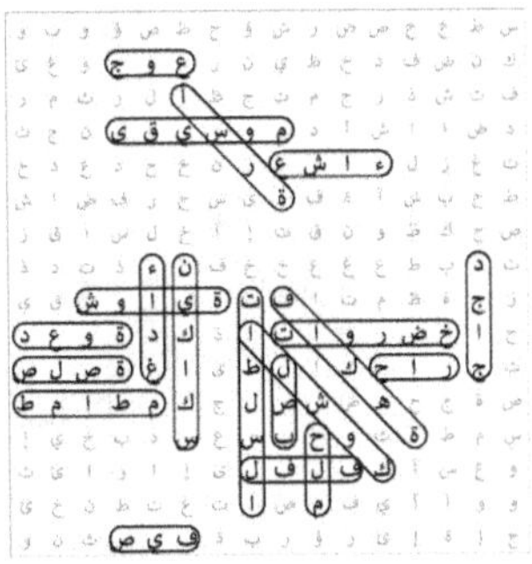

73 - Schoonheid

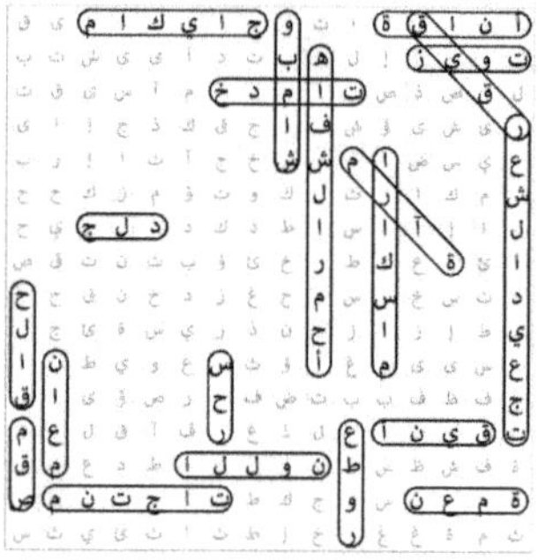

74 - Wetenschappelijk

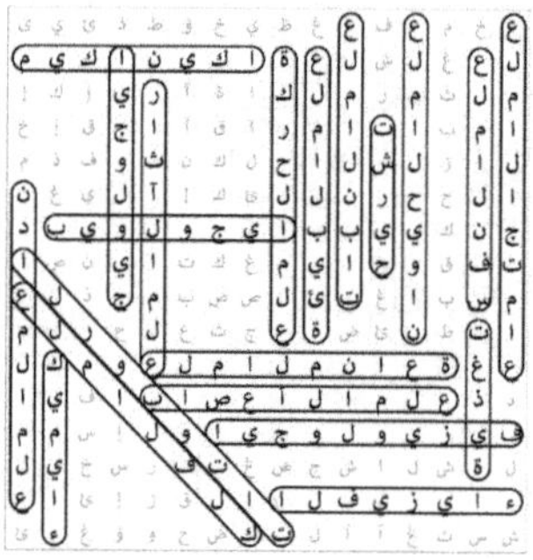

75 - Bijvoeglijke Naamwoorden

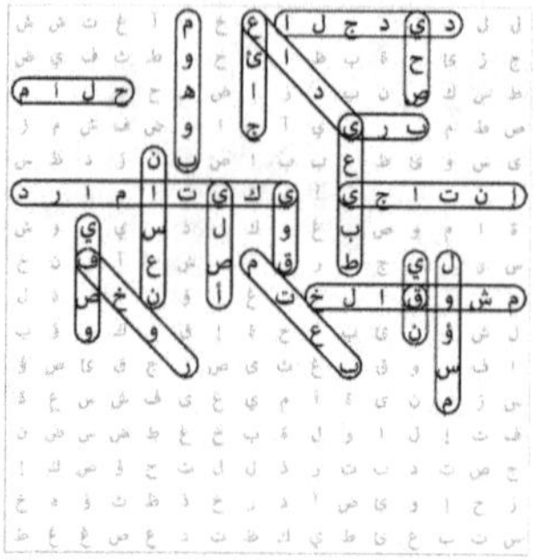

76 - Kleding

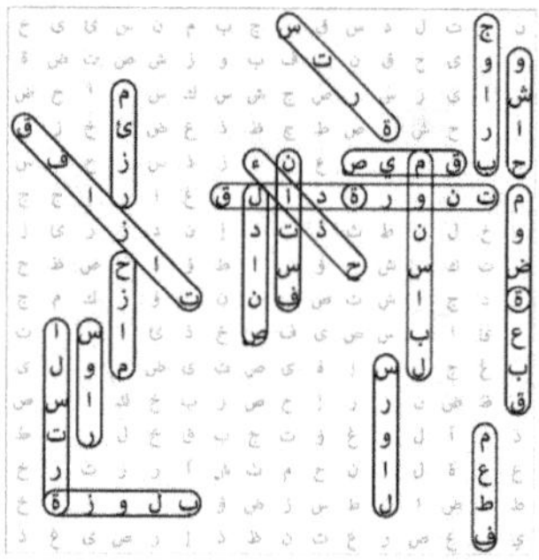

77 - Vliegtuigen

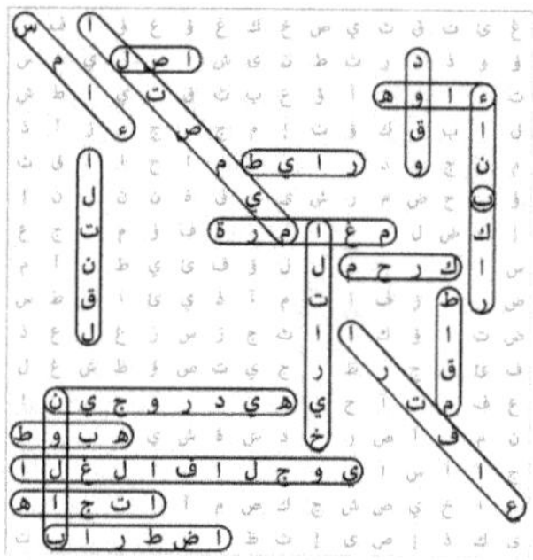

78 - Herbalisme

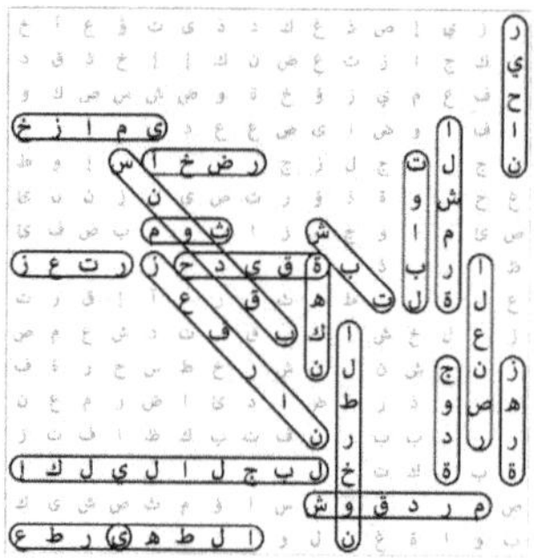

79 - Kracht en Zwaartekracht

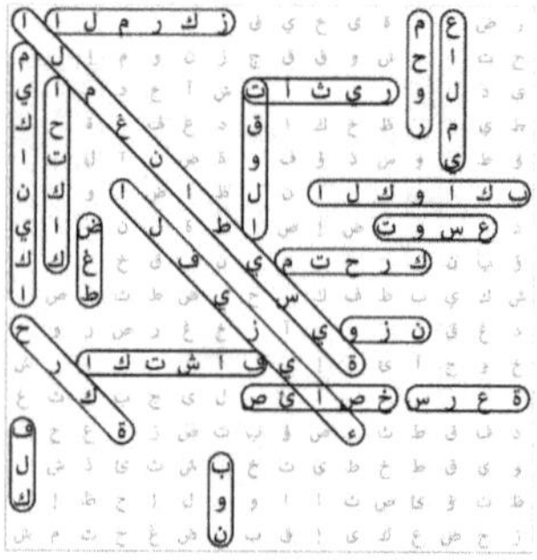

80 - Het Bedrijf

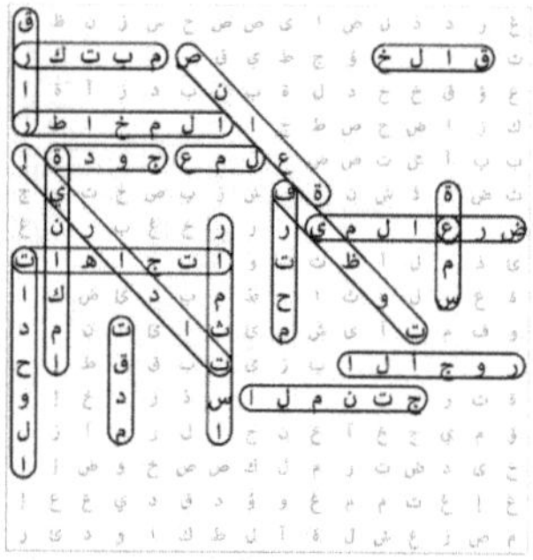

81 - Rijden

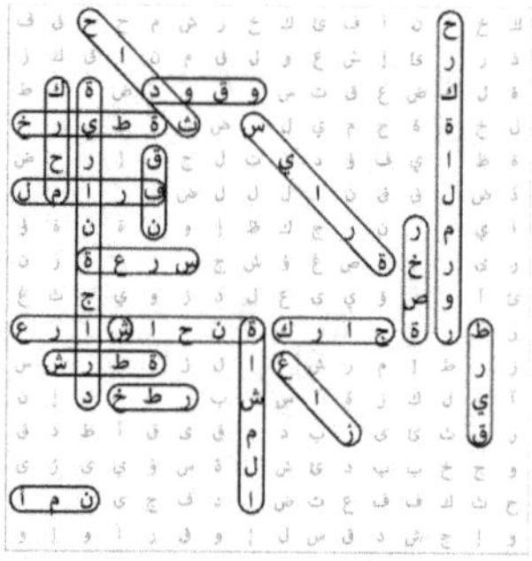

82 - Natuurkunde

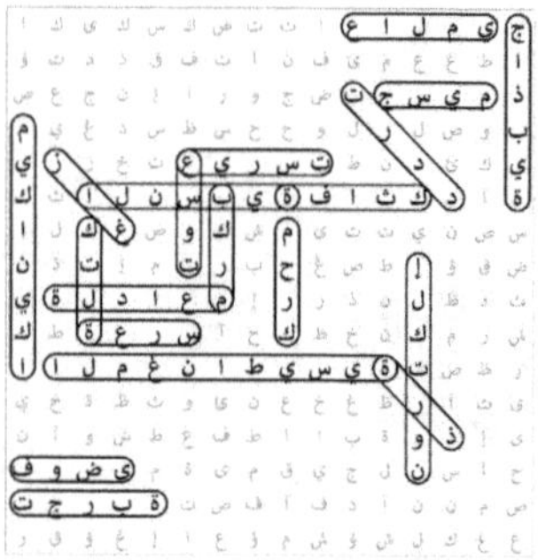

83 - Muziekinstrument

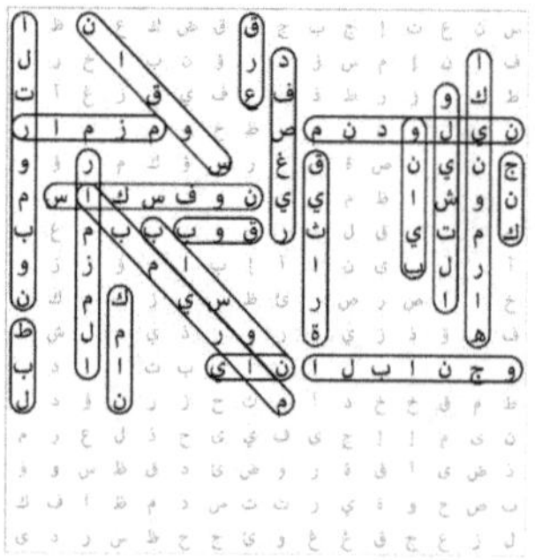

84 - Ethiek

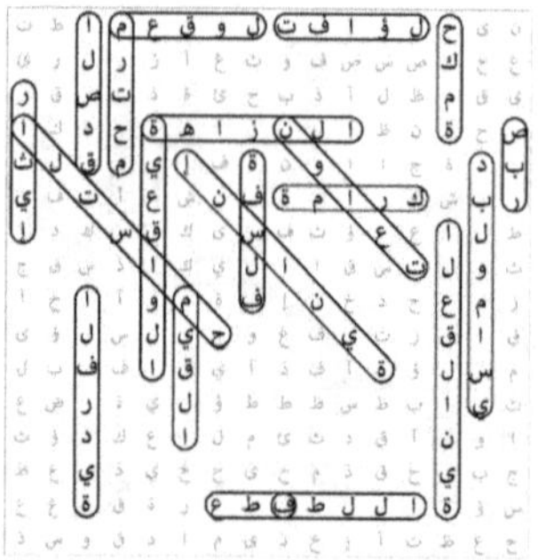

85 - Antiek

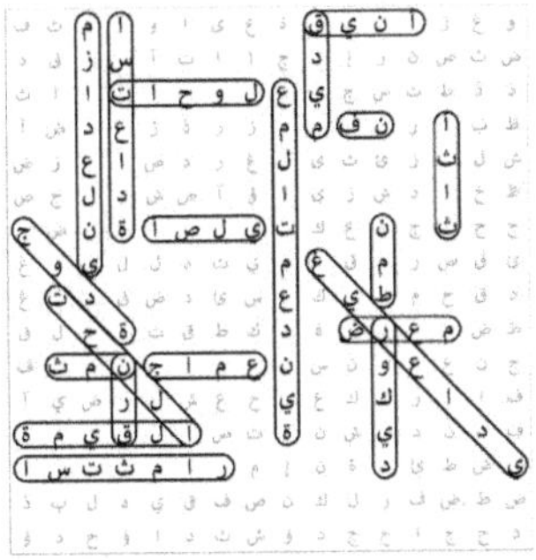

86 - Activiteiten en Vrije Ti

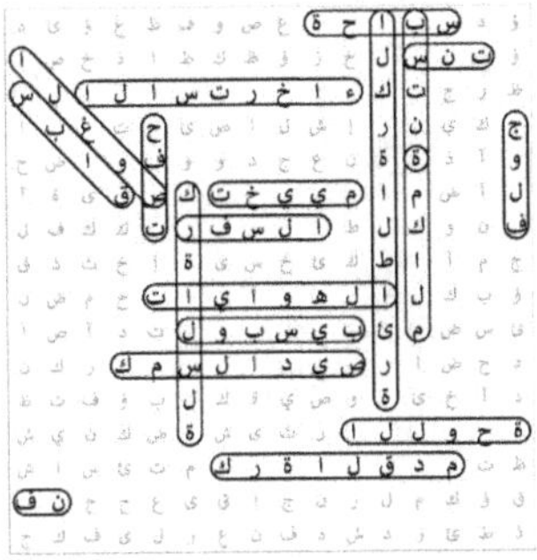

87 - Koffie

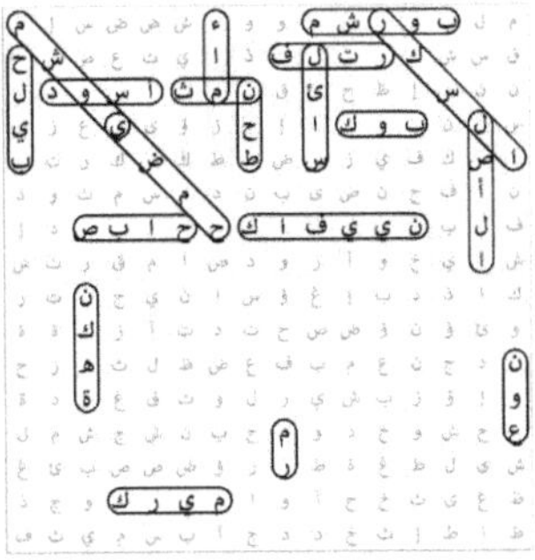

88 - Schaken

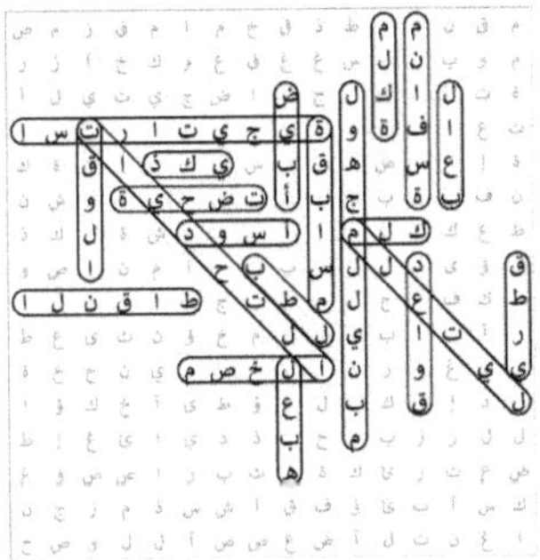

89 - Boerderij #1

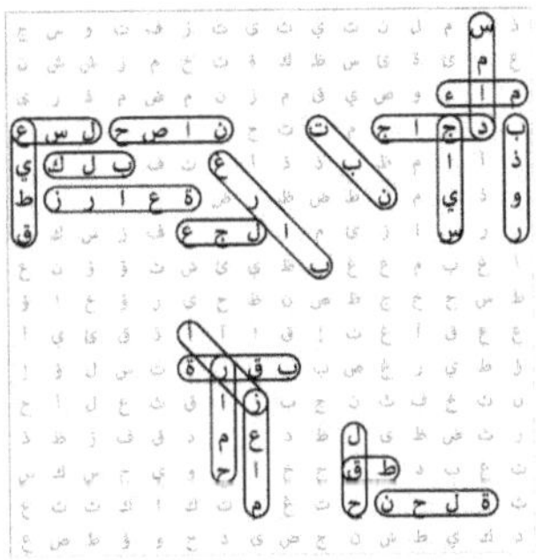

90 - Huis

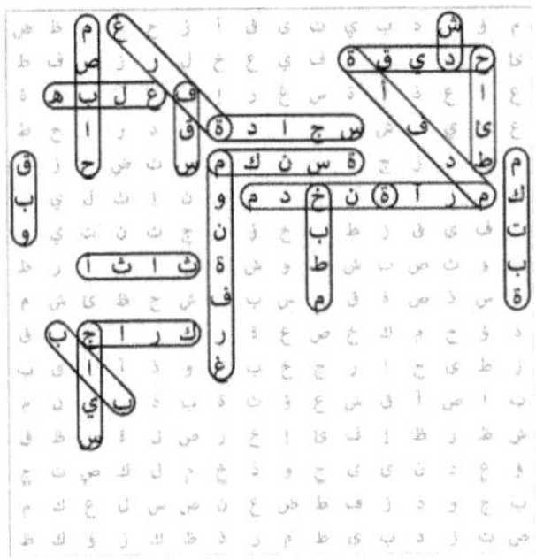

91 - Geometrie

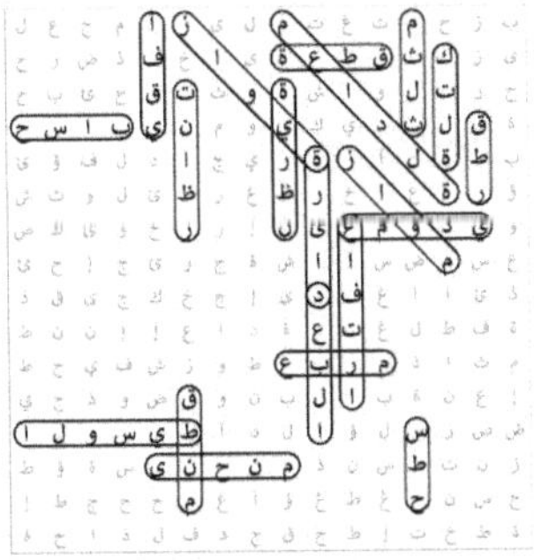

92 - Jazz

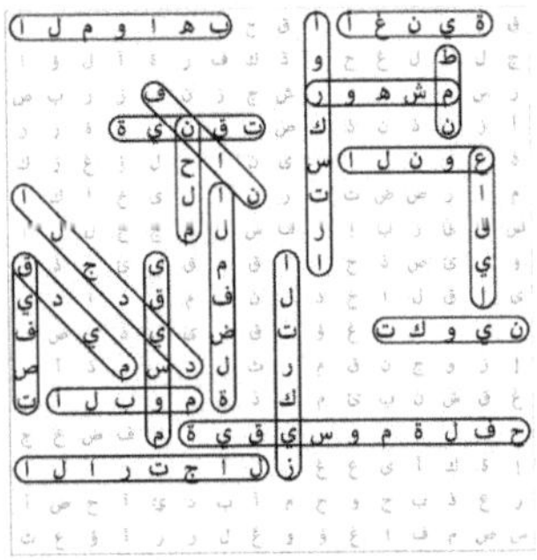

93 - Getallen

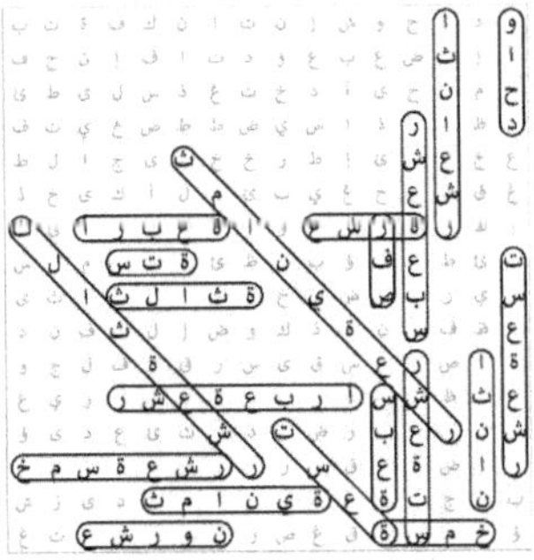

94 - Boksen

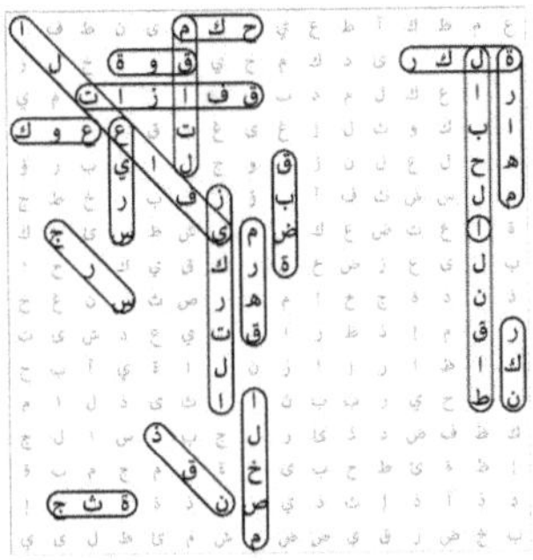

95 - Boerderij #2

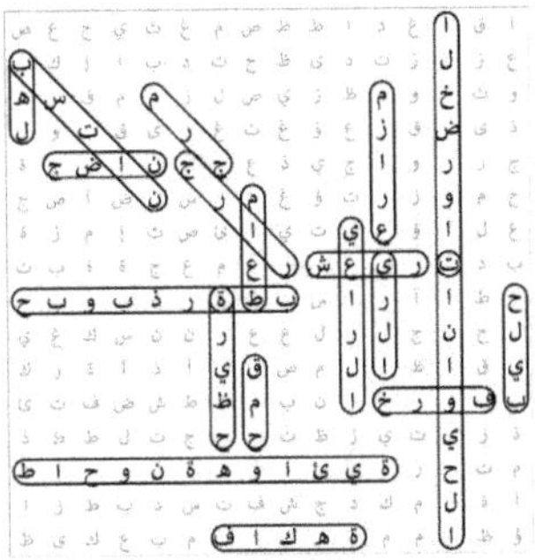

96 - Psychologie

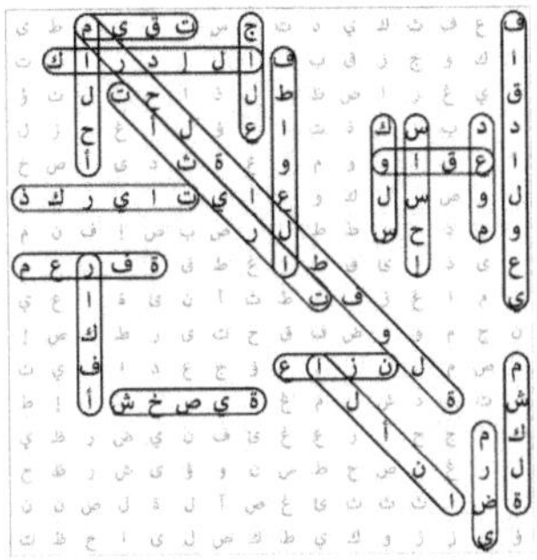

97 - Zakelijk

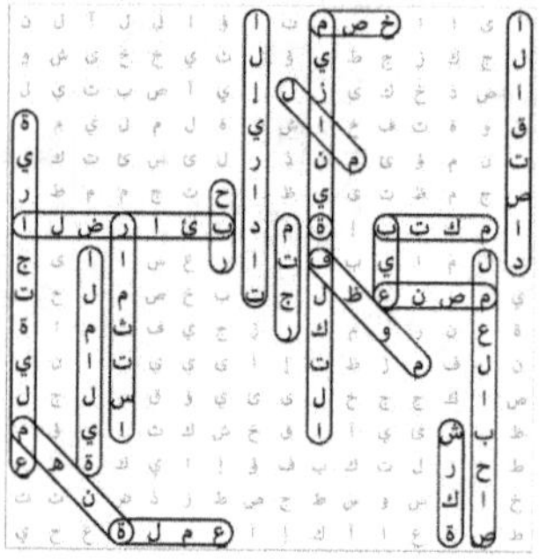

98 - Voeding

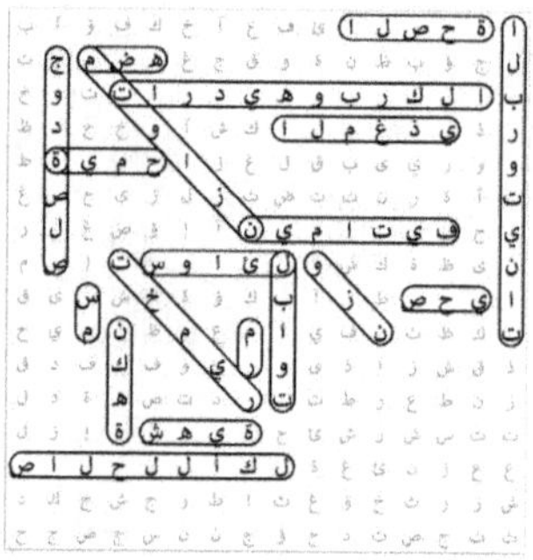

99 - Chemie

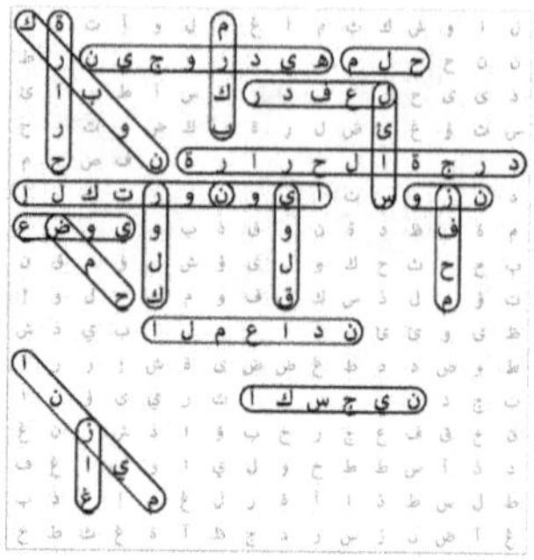

Woordenboek

Activiteiten
الأنشطة

Activiteit	نشاط
Ambachten	الحرف
Breien	الحياكة
Dansen	الرقص
Fotografie	تصوير
Games	ألعاب
Hengelsport	صيد السمك
Jacht	الصيد
Kamperen	تخييم
Kunst	فن
Lezen	قراءة
Magie	سحر
Naaien	خياطة
Ontspanning	استرخاء
Plezier	متعة
Puzzels	الألغاز
Schilderij	اللوحة
Tuinieren	بستنة
Vaardigheid	مهارة
Vrije Tijd	الترفيه

Activiteiten en Vrije Ti
الأنشطة والترفيه

Basketbal	كرة السلة
Boksen	ملاكمة
Duiken	الغوص
Golf	جولف
Hengelsport	صيد السمك
Hobby	الهوايات
Honkbal	بيسبول
Kamperen	تخييم
Kunst	فن
Ontspannen	الاسترخاء
Racen	سباق
Reis	السفر
Schilderij	اللوحة
Surfen	تصفح
Tennis	تنس
Tuinieren	بستنة
Voetbal	كرة القدم
Volleybal	الكرة الطائرة
Zwemmen	سباحة

Agronomie
الهندسة الزراعية

Duurzaam	مستدام
Ecologie	علم البيئة
Energie	طاقة
Erosie	تآكل
Groei	نمو
Groente	خضروات
Identificatie	هوية
Landbouw	زراعة
Landelijk	قروي
Mest	سماد
Omgeving	بيئة
Onderzoek	بحث
Organisch	عضوي
Productie	إنتاج
Systemen	الأنظمة
Vervuiling	التلوث
Water	ماء
Wetenschap	علم
Zaden	بذور
Ziekten	الأمراض

Algebra
الجبر

Aftrekken	الطرح
Diagram	رسم بياني
Exponent	أس
Factor	عامل
Fractie	جزء
Grafiek	الرسم البياني
Haakje	قوس
Hoeveelheid	كمية
Lineair	خطي
Matrix	مصفوفة
Nul	صفر
Nummer	رقم
Oneindig	لانهائي
Oplossing	حل
Probleem	مشكلة
Som	مجموع
Vals	خطأ
Variabele	متغير
Vereenvoudigen	تبسيط
Vergelijking	معادلة

Antarctica
القارة القطبية الجنوبية

Baai	خليج
Behoud	الحفظ
Continent	قارة
Eilanden	الجزر
Expeditie	البعثة
Geografie	جغرافية
Ijs	جليد
Migratie	هجرة
Mineralen	المعادن
Omgeving	بيئة
Onderzoeker	باحث
Pinguïn	البطريق
Rotsachtig	صخري
Schiereiland	شبه جزيرة
Soort	الأنواع
Temperatuur	درجة الحرارة
Topografie	طبوغرافيا
Water	ماء
Wetenschappelijk	علمي
Wolken	سحاب

Antiek
التحف

Authentiek	أصلي
Beeldhouwwerk	النحت
Decoratief	ديكور
Eeuw	قرن
Elegant	أنيق
Galerij	معرض
Investering	استثمار
Kunst	فن
Kwaliteit	جودة
Meubilair	أثاث
Munten	عملات معدنية
Ongewoon	غير عادي
Oud	قديم
Prijs	ثمن
Restauratie	استعادة
Schilderijen	لوحات
Stijl	نمط
Veiling	مزاد علني
Verzamelaar	جامع
Waarde	القيمة

Archeologie
علم الآثار

Analyse	تحليل
Beschaving	الحضارة
Bevindingen	النتائج
Botten	عظام
Deskundige	خبير
Evaluatie	تقييم
Fossiel	حفرية
Fragmenten	فتات
Graf	قبر
Mysterie	لغز
Nakomeling	سليل
Objecten	الكائنات
Onbekend	غير معروف
Onderzoeker	باحث
Professor	أستاذ
Relikwie	بقايا
Team	فريق
Tempel	معبد
Tijdperk	عصر
Vergeten	منسي

Astronomie
علم الفلك

Aarde	أرض
Asteroïde	الكويكب
Astronaut	رائد فضاء
Astronoom	فلكي
Dierenriem	البروج
Equinox	الاعتدال
Komeet	مذنب
Kosmos	عالم
Maan	قمر
Meteoor	نيزك
Nevel	سديم
Observatorium	مرصد
Planeet	كوكب
Raket	صاروخ
Ster	نجم
Sterrenbeeld	كوكبة
Straling	إشعاع
Telescoop	مقراب
Universum	كون
Zwaartekracht	جاذبية

Avontuur
مغامرة

Activiteit	نشاط
Bestemming	وجهة
Enthousiasme	حماس
Excursie	انحراف
Gevaarlijk	خطير
Kans	فرصة
Moed	شجاعة
Moeilijkheid	صعوبة
Natuur	طبيعة
Navigatie	الملاحة
Nieuw	الجديد
Ongewoon	غير عادي
Reizen	السفر
Schoonheid	جمال
Uitdagingen	التحديات
Veiligheid	أمن
Verrassend	مفاجأة
Voorbereiding	تحضير
Vreugde	مرح
Vrienden	أصحاب

Ballet
باليه

Applaus	تصفيق
Artistiek	فني
Choreografie	الكوريغرافيا
Componist	ملحن
Dansers	الراقصات
Expressief	معبرة
Gebaar	لفتة
Intensiteit	شدة
Lessen	الدروس
Muziek	موسيقى
Orkest	أوركسترا
Publiek	الجمهور
Repetitie	بروفة
Ritme	إيقاع
Solo	منفردا
Spieren	عضلات
Stijl	نمط
Techniek	تقنية
Vaardigheid	مهارة

Barbecues
حفلات الشواء

Diner	عشاء
Familie	أسرة
Fruit	فاكهة
Grill	شواية
Groente	خضروات
Heet	حار
Honger	جوع
Kip	دجاج
Lunch	غداء
Messen	سكاكين
Muziek	موسيقى
Peper	فلفل
Salades	السلطات
Saus	صلصة
Tomaten	طماطم
Uien	بصل
Uitnodiging	دعوة
Vorken	الشوك
Zomer	صيف
Zout	ملح

Behoud
الحفظ

Chemicaliën	مواد كيميائية
Duurzaam	مستدام
Ecosysteem	النظام البيئي
Fiets	دورة
Gezondheid	الصحة
Groen	أخضر
Habitat	الموئل
Klimaat	مناخ
Milieu	البيئة
Natuurlijk	طبيعي
Onderwijs	تعليم
Organisch	عضوي
Pesticide	مبيد الآفات
Recycleren	إعادة التدوير
Veranderingen	التغييرات
Verminderen	خفض
Vervuiling	التلوث
Vrijwilliger	متطوع
Water	ماء
Zorg	قلق

Beroepen #1
المهن #1

Advocaat	محام
Ambassadeur	سفير
Apotheker	صيدلي
Astronoom	فلكي
Atleet	رياضي
Bankier	مصرفي
Brandweerman	رجال الاطفاء
Cartograaf	رسام خرائط
Danser	راقصة
Dierenarts	طبيب بيطري
Dokter	طبيب
Editor	محرر
Geoloog	جيولوجي
Jager	صياد
Juwelier	صائغ
Loodgieter	سباك
Pianist	عازف البيانو
Psycholoog	علم النفس
Verpleegster	ممرض
Wetenschapper	عالم

Beroepen #2
المهن #2

Arts	طبيب
Astronaut	رائد فضاء
Bibliothecaris	أمين المكتبة
Bioloog	أحيائي
Boer	مزارع
Chirurg	جراح
Detective	محقق
Filosoof	فيلسوف
Illustrator	المصور
Ingenieur	مهندس
Journalist	صحفي
Leraar	مدرس
Linguïst	لغوي
Onderzoeker	باحث
Piloot	طيار
Schilder	دهان
Tandarts	طبيب أسنان
Tuinman	بستاني
Uitvinder	مخترع
Zoöloog	عالم الحيوان

Bijen
النحل

Bestuiver	الملقحات
Bijenkorf	خلية
Bloemen	الزهور
Bloesem	زهر
Diversiteit	تنوع
Ecosysteem	النظام البيئي
Fruit	فاكهة
Habitat	الموئل
Honing	عسل
Insect	حشرة
Koningin	ملكة
Rook	دخان
Stuifmeel	لقاح
Tuin	حديقة
Vleugels	أجنحة
Voedsel	طعام
Voordelig	مفيد
Was	شمع
Zon	شمس
Zwerm	سرب

Bijvoeglijke Naamwoorden
الصفات #1

Aantrekkelijk	جذاب
Actief	نشط
Ambitieus	طموح
Aromatisch	عطري
Artistiek	فني
Belangrijk	مهم
Diep	عميق
Donker	داكن
Dun	رقيق
Eerlijk	صادق
Exotisch	غريب
Identiek	متطابقة
Jong	شاب
Lang	طويل
Langzaam	بطيء
Modern	حديث
Onschuldig	البريء
Perfect	كامل
Waardevol	ذو قيمة
Zwaar	ثقيل

Bijvoeglijke Naamwoorden
الصفات #2

Authentiek	أصلي
Begaafd	موهوب
Beschrijvend	وصفي
Creatief	خلاق
Dramatisch	دراماتيكي
Gezond	صحي
Hongerig	جائع
Interessant	مشوق
Moe	متعب
Natuurlijk	طبيعي
Nieuw	الجديد
Normaal	عادي
Productief	إنتاجي
Slaperig	نعسان
Sterk	قوي
Trots	فخور
Verantwoordelijk	مسؤول
Wild	بري
Zout	مالح
Zuiver	نقي

Biologie
علم الأحياء

Ademhaling	التنفس
Anatomie	تشريح
Bacteriën	بكتيريا
Cel	خلية
Chromosoom	كروموسوم
Collageen	الكولاجين
Eiwit	بروتين
Embryo	جنين
Enzym	انزيم
Evolutie	تطور
Hormoon	هرمون
Mutatie	طفرة
Natuurlijk	طبيعي
Neuron	عصبون
Osmose	تناضح
Reptiel	الزواحف
Symbiose	تكافل
Synaps	المشبك
Zenuw	عصب
Zoogdier	الثدييات

Bloemen
زهور

Bloemblad	البتلة
Boeket	باقة أزهار
Gardenia	جاردينيا
Hibiscus	الكركديه
Jasmijn	ياسمين
Klaver	نفل
Lavendel	خزامى
Lelie	زنبق
Madeliefje	ديزي
Magnolia	ماغنوليا
Narcis	النرجس البري
Orchidee	السحلب
Paardebloem	الهندباء
Papaver	الخشخاش
Passiebloem	زهرة العاطفة
Pioenroos	الفاوانيا
Plumeria	بلوميريا
Roos	وردة
Tulp	توليب
Zonnebloem	عباد الشمس

Boeken
كتب

Auteur	مؤلف
Avontuur	مغامرة
Bladzijde	صفحة
Collectie	مجموعة
Context	سياق الكلام
Dualiteit	الازدواجية
Episch	ملحمة
Gedicht	قصيدة
Geschreven	مكتوب
Historisch	تاريخي
Humoristisch	روح الدعابة
Inventief	مبدع
Lezer	قارئ
Literair	أدبي
Poëzie	شعر
Relevant	ذات الصلة
Roman	رواية
Tragisch	مأساوي
Verhaal	قصة
Verteller	الراوي

Boerderij #1
مزرعة #1

Bij	نحلة
Ezel	حمار
Geit	ماعز
Hek	سياج
Hond	كلب
Honing	عسل
Hooi	تبن
Kalf	عجل
Kat	قط
Kip	دجاج
Koe	بقرة
Kraai	غراب
Kudde	قطيع
Landbouw	زراعة
Mest	سماد
Paard	حصان
Rijst	أرز
Veld	حقل
Water	ماء
Zaden	بذور

Boerderij #2
مزرعة #2

Boer	مزارع
Boomgaard	بستان
Dieren	الحيوانات
Eend	بطة
Fruit	فاكهة
Gerst	شعير
Groente	الخضروات
Herder	الراعي
Irrigatie	الري
Lama	لهب
Maïs	حبوب ذرة
Melk	حليب
Rijp	ناضج
Schaap	خروف
Schuur	حظيرة
Tarwe	قمح
Tractor	جرار
Voedsel	طعام
Weide	مرج
Windmolen	طاحونة هوائية

Boksen
ملاكمة

Elleboog	كوع
Focus	التركيز
Handschoenen	قفازات
Herstel	التعافي
Hoek	ركن
Kin	ذقن
Klok	جرس
Kracht	قوة
Lichaam	جثة
Punten	النقاط
Scheidsrechter	حكم
Schoppen	ركلة
Snel	سريع
Tegenstander	الخصم
Touwen	الحبال
Uitgeput	مرهق
Vaardigheid	مهارة
Vechter	مقاتل
Vuist	قبضة

Boten
القوارب

Anker	مرساة
Bemanning	طاقم
Boei	عوامة
Dok	رصيف
Golven	أمواج
Jacht	يخت
Kajak	كاياك
Kano	الزورق
Mast	سارية
Meer	بحيرة
Motor	محرك
Nautisch	بحري
Oceaan	محيط
Reddingsboot	قارب نجاة
Rivier	نهر
Touw	حبل
Veerboot	العبارة
Vlot	طوف
Zee	بحر
Zeilboot	مركب شراعي

Camping
عسكرة

Avontuur	مغامرة
Berg	جبل
Bomen	الأشجار
Bos	غابة
Brand	نار
Cabine	المقصورة
Dieren	الحيوانات
Hangmat	أرجوحة
Hoed	قبعة
Insect	حشرة
Jacht	الصيد
Kaart	خريطة
Kano	الزورق
Kompas	بوصلة
Lantaarn	فانوس
Maan	قمر
Meer	بحيرة
Natuur	طبيعة
Tent	خيمة
Touw	حبل

Chemie
كيمياء

Alkalisch	قلوي
Chloor	كلور
Elektron	إلكترون
Enzym	انزيم
Gas	غاز
Gewicht	وزن
Ion	أيون
Katalysator	محفز
Koolstof	كربون
Metalen	المعادن
Molecuul	مركب
Organisch	عضوي
Reactie	رد فعل
Temperatuur	درجة الحرارة
Vloeistof	سائل
Warmte	حرارة
Waterstof	هيدروجين
Zout	ملح
Zuur	حمض
Zuurstof	أكسجين

Creativiteit
الإبداع

Artistiek	فني
Beeld	صورة
Dramatisch	دراماتيكي
Echtheid	أصالة
Emoties	العواطف
Gevoel	إحساس
Gevoelens	مشاعر
Helderheid	وضوح
Indruk	انطباع
Inspiratie	الإلهام
Intensiteit	شدة
Intuïtie	الحدس
Inventief	مبدع
Spontaan	عفوية
Uitdrukking	التعبير
Vaardigheid	مهارة
Verbeelding	خيال
Visioenen	الرؤى
Vitaliteit	حيوية
Vloeibaarheid	سيولة

Dagen en Maanden
الأيام والأشهر

Augustus	أغسطس
Dinsdag	الثلاثاء
Donderdag	الخميس
Februari	فبراير
Jaar	سنة
Januari	يناير
Juli	يوليو
Juni	يونيو
Kalender	تقويم
Maand	شهر
Maandag	الاثنين
Maart	مارس
November	نوفمبر
Oktober	أكتوبر
September	سبتمبر
Vrijdag	الجمعة
Week	أسبوع
Woensdag	الأربعاء
Zaterdag	السبت
Zondag	الأحد

Dans
الرقص

Academie	الأكاديمية
Beweging	حركة
Blij	مرح
Choreografie	الكوريغرافيا
Cultureel	ثقافي
Cultuur	ثقافة
Emotie	عاطفة
Expressief	معبرة
Genade	نعمة
Houding	الموقف
Klassiek	كلاسيكي
Kunst	فن
Lichaam	جثة
Muziek	موسيقى
Partner	شريك
Repetitie	بروفة
Ritme	إيقاع
Springen	قفز
Traditioneel	تقليدي
Visueel	بصري

De Media
وسائل الإعلام

Commercieel	تجاري
Communicatie	الاتصالات
Digitaal	رقمي
Editie	الإصدار
Feiten	حقائق
Financiering	التمويل
Houding	المواقف
Individueel	فرد
Industrie	صناعة
Intellectueel	الفكرية
Kranten	الصحف
Lokaal	محلي
Mening	رأي
Netwerk	شبكة الاتصال
Onderwijs	تعليم
Online	على الشبكة
Publiek	عام
Radio	راديو
Televisie	تلفزيون
Tijdschriften	المجلات

Diplomatie
الدبلوماسية

Adviseur	مستشار
Ambassade	السفارة
Ambassadeur	سفير
Burgers	المواطنون
Conflict	نزاع
Diplomatiek	دبلوماسي
Discussie	نقاش
Ethiek	أخلاق
Gemeenschap	ملة
Gerechtigheid	عدالة
Humanitair	إنساني
Integriteit	النزاهة
Oplossing	حل
Politiek	سياسة
Regering	حكومة
Resolutie	القرار
Samenwerking	تعاون
Talen	اللغات
Veiligheid	أمن
Verdrag	معاهدة

Ecologie
علم البيئة

Bergen	الجبال
Diversiteit	تنوع
Droogte	جفاف
Duurzaam	مستدام
Fauna	الحيوانات
Flora	النباتية
Gemeenschappen	مجتمعات
Globaal	عالمي
Habitat	الموئل
Klimaat	مناخ
Marinier	البحرية
Moeras	اهوار
Natuur	طبيعة
Natuurlijk	طبيعي
Overleving	نجاة
Planten	نباتات
Soort	الأنواع
Variëteit	نوع
Vegetatie	نبت
Vrijwilligers	المتطوعون

Emoties
العواطف

Angst	خوف
Beschaamd	محرج
Dankbaar	شاكر
Droefheid	حزن
Gelukzaligheid	النعيم
Inhoud	محتوى
Kalm	هدوء
Liefde	حب
Opgewonden	متحمس
Rust	الهدوء
Sympathie	ميل
Tederheid	حنان
Tevreden	راض
Verrassing	مفاجأة
Verveling	ملل
Vrede	سلام
Vreugde	مرح
Vriendelijkheid	اللطف
Woede	غضب

Energie
الطاقة

Accu	البطارية
Benzine	بنزين
Brandstof	وقود
Diesel	ديزل
Elektrisch	كهربائي
Elektron	إلكترون
Entropie	غير قادر علي
Foton	فوتون
Hernieuwbaar	قابل للتجديد
Industrie	صناعة
Koolstof	كربون
Motor	محرك
Nucleair	نووي
Omgeving	بيئة
Stoom	بخار
Turbine	التوربينات
Vervuiling	التلوث
Warmte	حرارة
Waterstof	هيدروجين
Wind	ريح

Engineering
الهندسة

As	محور
Berekening	حساب
Beweging	حركة
Bouw	بناء
Diagram	رسم بياني
Diameter	قطر
Diepte	عمق
Diesel	ديزل
Energie	طاقة
Hoek	زاوية
Kracht	قوة
Machine	آلة
Meting	قياس
Motor	محرك
Rotatie	دوران
Stabiliteit	استقرار
Structuur	هيكل
Vloeistof	سائل
Voortstuwing	الدفع
Wrijving	احتكاك

Eten #1
الغذاء #1

Aardbei	فراولة
Abrikoos	مشمش
Basilicum	ريحان
Citroen	ليمون
Gerst	شعير
Kaneel	قرفة
Knoflook	ثوم
Koffie	قهوة
Melk	حليب
Peer	كمثرى
Salade	سلطة
Sap	عصير
Soep	حساء
Spinazie	سبانخ
Suiker	السكر
Tonijn	تونة
Ui	بصل
Vlees	لحم
Wortel	جزر
Zout	ملح

Eten #2
الغذاء #2

Amandel	لوز
Ananas	أناناس
Appel	تفاح
Asperge	هليون
Aubergine	باذنجان
Banaan	موز
Broccoli	بروكلي
Brood	خبز
Druif	عنب
Ei	بيضة
Ham	لحم الخنزير
Kaas	جبن
Kip	دجاج
Kiwi	كيوي
Perzik	خوخ
Rijst	أرز
Tarwe	قمح
Tomaat	طماطم
Vis	سمك
Yoghurt	زبادي

Ethiek
الأخلاق

Altruïsme	إيثار
Diplomatiek	دبلوماسي
Eerbiedig	محترم
Eerlijkheid	الصدق
Filosofie	فلسفة
Geduld	صبر
Individualisme	الفردية
Integriteit	النزاهة
Mededogen	عطف
Mensheid	إنسانية
Optimisme	تفاؤل
Rationaliteit	العقلانية
Realisme	الواقعية
Redelijk	معقول
Samenwerking	تعاون
Tolerantie	التسامح
Vriendelijkheid	اللطف
Waarden	القيم
Waardigheid	كرامة
Wijsheid	حكمة

Familie
عائلة

Broer	شقيق
Dochter	ابنة
Grootmoeder	جدة
Jeugd	مرحلة الطفولة
Kind	طفل
Kinderen	الأطفال
Kleinzoon	حفيد
Man	الزوج
Moeder	أم
Neef	ابن أخ
Oom	العم
Opa	جد
Tante	عمة
Tweeling	توأمان
Vader	أب
Vaderlijk	الأب
Voorouder	سلف
Vrouw	زوجة
Zus	أخت

Fruit
فاكهة

Abrikoos	مشمش
Ananas	أناناس
Appel	تفاح
Avocado	أفوكادو
Banaan	موز
Bes	بيري
Citroen	ليمون
Druif	عنب
Framboos	توت العليق
Kers	كرز
Kiwi	كيوي
Kokosnoot	جوز الهند
Mango	مانجو
Meloen	شمام
Oranje	برتقالي
Papaja	بابايا
Peer	كمثرى
Perzik	خوخ
Pruim	برقوق
Vijg	تين

Gebouwen
المباني

Ambassade	السفارة
Appartement	شقة
Bioscoop	سينما
Boerderij	مزرعة
Cabine	المقصورة
Fabriek	مصنع
Hotel	فندق
Kasteel	قلعة
Laboratorium	مختبر
Museum	متحف
Observatorium	مرصد
School	مدرسة
Schuur	حظيرة
Stadion	ملعب
Supermarkt	سوبر ماركت
Tent	خيمة
Theater	مسرح
Toren	برج
Universiteit	جامعة
Ziekenhuis	مستشفى

Geografie
الجغرافيا

Atlas	أطلس
Berg	جبل
Breedtegraad	خط العرض
Continent	قارة
Eiland	جزيرة
Evenaar	خط الاستواء
Hoogte	ارتفاع
Kaart	خريطة
Land	بلد
Lengtegraad	خط الطول
Meridiaan	ميريديان
Noorden	شمال
Oceaan	محيط
Regio	منطقة
Rivier	نهر
Stad	مدينة
Wereld	العالمية
Westen	غرب
Zee	بحر
Zuiden	جنوب

Geologie
جيولوجيا

Aardbeving	زلزال
Calcium	الكالسيوم
Continent	قارة
Erosie	تآكل
Fossiel	حفرية
Geiser	سخان
Gesmolten	مولتن
Grot	كهف
Koraal	المرجان
Kristallen	بلورات
Kwarts	مرو
Laag	طبقة
Lava	الحمم
Mineralen	المعادن
Plateau	هضبة
Steen	حجر
Vulkaan	بركان
Zone	منطقة
Zout	ملح
Zuur	حمض

Geometrie
الهندسة

Berekening	حساب
Cirkel	دائرة
Curve	منحنى
Diameter	قطر
Dimensie	البعد
Driehoek	مثلث
Hoek	زاوية
Hoogte	ارتفاع
Horizontaal	أفقي
Logica	منطق
Massa	كتلة
Mediaan	الوسيط
Oppervlak	سطح
Parallel	مواز
Segment	قطعة
Symmetrie	تناظر
Theorie	نظرية
Vergelijking	معادلة
Verticaal	عمودي
Vierkant	مربع

Getallen
أرقام

Acht	ثمانية
Achttien	ثمانية عشر
Dertien	ثلاثة عشر
Drie	ثلاثة
Een	واحد
Negen	تسعة
Negentien	تسعة عشر
Nul	صفر
Tien	عشرة
Twaalf	اثنا عشر
Twee	اثنان
Twintig	عشرون
Veertien	أربعة عشر
Vier	أربعة
Vijf	خمسة
Vijftien	خمسة عشر
Zes	ستة
Zestien	ستة عشر
Zeven	سبعة
Zeventien	سبعة عشر

Gezondheid en Welzijn #1
الصحة والعافية #1

Actief	نشط
Apotheek	صيدلية
Bacteriën	بكتيريا
Behandeling	العلاج
Breuk	كسر
Dokter	طبيب
Gewoonte	عادة
Honger	جوع
Hoogte	ارتفاع
Hormonen	الهرمونات
Huid	جلد
Kliniek	عيادة
Letsel	إصابة
Medicijn	دواء
Ontspanning	استرخاء
Reflex	منعكس
Spieren	عضلات
Therapie	علاج
Virus	فيروس
Zenuwen	أعصاب

Gezondheid en Welzijn #2
الصحة والعافية #2

Allergie	حساسية
Anatomie	تشريح
Bloed	دم
Dieet	حمية
Energie	طاقة
Genetica	علم الوراثة
Gewicht	وزن
Gezond	صحي
Herstel	التعافي
Hygiëne	النظافة
Infectie	عدوى
Kracht	قوة
Lichaam	جثة
Massage	تدليك
Spijsvertering	هضم
Stress	ضغط
Vitamine	فيتامين
Voeding	تغذية
Ziekenhuis	مستشفى
Ziekte	مرض

Groenten
خضروات

Artisjok	خرشوف
Aubergine	باذنجان
Broccoli	بروكلي
Erwt	بازلاء
Gember	زنجبيل
Knoflook	ثوم
Komkommer	خيار
Olijf	زيتون
Paddestoel	فطر
Peterselie	بقدونس
Pompoen	يقطين
Raap	لفت
Radijs	فجل
Salade	سلطة
Selderij	كرفس
Sjalot	الكراث
Spinazie	سبانخ
Tomaat	طماطم
Ui	بصل
Wortel	جزر

Haartypes
أنواع الشعر

Blond	أشقر
Bruin	بني
Dik	سميك
Droog	جاف
Dun	رقيق
Gekleurd	ملون
Gevlochten	مضفر
Gezond	صحي
Golvend	متموج
Grijs	رمادي
Hoofdhuid	فروة الرأس
Kaal	أصلع
Kort	قصيرة
Krullen	تجعيد الشعر
Krullend	مجعد
Lang	طويل
Wit	أبيض
Zacht	ناعم
Zilver	فضة
Zwart	أسود

Herbalisme
الأعشاب

Aromatisch	عطري
Basilicum	ريحان
Bloem	زهرة
Culinair	الطهي
Dille	شبت
Dragon	الطرخون
Groen	أخضر
Ingrediënt	العنصر
Knoflook	ثوم
Kwaliteit	جودة
Lavendel	خزامى
Marjolein	مردقوش
Oregano	توابل
Peterselie	بقدونس
Rozemarijn	إكليل الجبل
Saffraan	زعفران
Smaak	نكهة
Tijm	زعتر
Tuin	حديقة
Venkel	الشمرة

Het Bedrijf
الشركة

Beslissing	قرار
Creatief	خلاق
Eenheden	الوحدات
Globaal	عالمي
Industrie	صناعة
Inkomsten	إيرادات
Innovatief	مبتكر
Investering	استثمار
Kwaliteit	جودة
Loon	الأجور
Mogelijkheid	إمكانية
Presentatie	عرض
Product	المنتج
Professioneel	محترف
Reputatie	سمعة
Risico'S	المخاطر
Trends	اتجاهات
Vooruitgang	تقدم
Werkgelegenheid	توظيف
Zaak	عمل

Huis
منزل

Bezem	مكنسة
Bibliotheek	مكتبة
Dak	سقف
Deur	باب
Douche	دش
Garage	كراج
Haard	مدفأة
Hek	سياج
Kamer	غرفة
Kelder	قبو
Keuken	مطبخ
Lamp	مصباح
Meubilair	أثاث
Muur	حائط
Schoorsteen	مدخنة
Slaapkamer	غرفة نوم
Spiegel	مرآة
Tapijt	سجادة
Tuin	حديقة
Zolder	علية

Installaties
النباتات

Bamboe	بامبو
Bes	بيري
Blad	ورقة
Bloem	زهرة
Bloesem	زهر
Boom	شجرة
Boon	فاصوليا
Bos	غابة
Cactus	صبار
Flora	النباتية
Gebladerte	أوراق الشجر
Klimop	لبلاب
Kruid	عشب
Mest	سماد
Mos	طحلب
Plantkunde	علم النبات
Struik	بوش
Tuin	حديقة
Vegetatie	نبات
Wortel	جذر

Jazz
موسيقى الجاز

Album	ألبوم
Applaus	تصفيق
Artiest	فنان
Beroemd	مشهور
Componist	ملحن
Concert	حفلة موسيقية
Favorieten	المفضلة
Genre	النوع
Improvisatie	الارتجال
Lied	أغنية
Muziek	موسيقى
Nadruk	التركيز
Nieuw	الجديد
Orkest	أوركسترا
Oud	قديم
Ritme	إيقاع
Samenstelling	تكوين
Stijl	نمط
Talent	المواهب
Techniek	تقنية

Keuken
مطبخ

Cup	أكواب
Eetstokjes	عيدان
Grill	شواية
Ketel	غلاية
Koelkast	ثلاجة
Kom	وعاء
Kruik	إبريق
Lepels	الملاعق
Messen	سكاكين
Oven	فرن
Pollepel	مغرفة
Pot	جرة
Recept	وصفة
Schort	مئزر
Servet	منديل
Specerijen	توابل
Spons	إسفنج
Voedsel	طعام
Vorken	الشوك
Vriezer	مجمد

Kleding
ملابس

Armband	سوار
Blouse	بلوزة
Broek	سراويل
Handschoenen	قفازات
Hoed	قبعة
Jas	معطف
Jasje	السترة
Jurk	فستان
Ketting	قلادة
Mode	موضة
Pyjama	لباس نوم
Riem	حزام
Rok	تنورة
Sandalen	صندل
Schoen	حذاء
Schort	مئزر
Shirt	قميص
Sjaal	وشاح
Sokken	جوارب
Trui	سترة

Koffie
قهوة

Beker	كوب
Bitter	مر
Cafeïne	كافيين
Drank	مشروب
Filter	فلتر
Geroosterd	مشوي
Malen	طحن
Melk	حليب
Ochtend	صباح
Oorsprong	الأصل
Prijs	ثمن
Room	كريم
Smaak	نكهة
Suiker	السكر
Variëteit	نوع
Vloeistof	سائل
Water	ماء
Zuur	حمضي
Zwart	أسود

Kracht en Zwaartekracht
القوة والجاذبية

Afstand	بون
As	محور
Baan	فلك
Beweging	حركة
Centrum	المركز
Druk	ضغط
Dynamisch	متحرك
Eigendommen	خصائص
Gewicht	وزن
Impact	تأثير
Magnetisme	المغناطيسية
Mechanica	ميكانيكا
Natuurkunde	الفيزياء
Ontdekking	اكتشاف
Planeten	الكواكب
Snelheid	سرعة
Tijd	الوقت
Uitbreiding	توسع
Universeel	عالمي
Wrijving	احتكاك

Kunst
الفن

Beeldhouwwerk	النحت
Complex	مركب
Eenvoudig	بسيط
Eerlijk	صادق
Figuur	الشكل
Geïnspireerd	ربما
Humeur	مزاج
Keramisch	سيراميك
Onderwerp	موضوع
Origineel	أصلي
Persoonlijk	شخصي
Poëzie	شعر
Portretteren	تصوير
Samenstelling	تكوين
Schilderijen	لوحات
Surrealisme	السريالية
Symbool	رمز
Uitdrukking	التعبير
Visueel	بصري

Kunstbenodigdheden
لوازم الفن

Acryl	أكريليك
Aquarellen	ألوان مائية
Borstels	فرش
Camera	كاميرا
Creativiteit	إبداع
Ezel	الحامل
Gom	ممحاة
Houtskool	فحم
Inkt	حبر
Klei	طين
Kleuren	الألوان
Lijm	صمغ
Olie	نفط
Papier	ورق
Pastel	الباستيل
Potloden	أقلام الرصاص
Stoel	كرسي
Tafel	طاولة
Verf	الدهانات
Water	ماء

Landen #1
البلدان #1

België	بلجيكا
Brazilië	البرازيل
Cambodja	كمبوديا
Canada	كندا
Chili	شيلي
Duitsland	ألمانيا
Egypte	مصر
Irak	العراق
Israël	إسرائيل
Italië	إيطاليا
Letland	لاتفيا
Libië	ليبيا
Marokko	المغرب
Nicaragua	نيكاراغوا
Noorwegen	النرويج
Panama	بنما
Polen	بولندا
Roemenië	رومانيا
Senegal	السنغال
Spanje	إسبانيا

Landen #2
البلدان #2

Denemarken	الدنمارك
Ethiopië	أثيوبيا
Frankrijk	فرنسا
Griekenland	اليونان
Ierland	أيرلندا
Indonesië	إندونيسيا
Japan	اليابان
Kenia	كينيا
Laos	لاوس
Libanon	لبنان
Liberia	ليبيريا
Maleisië	ماليزيا
Mexico	المكسيك
Nepal	نيبال
Nigeria	نيجيريا
Oeganda	أوغندا
Oekraïne	أوكرانيا
Rusland	روسيا
Somalië	الصومال
Syrië	سوريا

Landschappen
المناظر الطبيعية

Berg	جبل
Eiland	جزيرة
Geiser	سخان
Gletsjer	مثلجة
Grot	كهف
Heuvel	تل
Ijsberg	جبل جليد
Meer	بحيرة
Moeras	مستنقع
Oase	واحة
Oceaan	محيط
Rivier	نهر
Schiereiland	شبه جزيرة
Strand	شاطئ
Toendra	تندرا
Vallei	وادي
Vulkaan	بركان
Waterval	شلال
Woestijn	صحراء
Zee	بحر

Literatuur
الأدب

Analogie	القياس
Analyse	تحليل
Anekdote	حكاية
Auteur	مؤلف
Conclusie	استنتاج
Dialoog	حوار
Fictie	خيال
Gedicht	قصيدة
Mening	رأي
Metafoor	استعارة
Omschrijving	وصف
Poëtisch	شاعري
Rijm	قافية
Ritme	إيقاع
Roman	رواية
Stijl	نمط
Thema	موضوع
Tragedie	مأساة
Vergelijking	مقارنة
Verteller	الراوي

Meditatie
التأمل

Aandacht	انتباه
Aanvaarding	قبول
Ademhaling	التنفس
Beweging	حركة
Dankbaarheid	شكر
Emoties	العواطف
Gedachten	أفكار
Geluk	سعادة
Helderheid	وضوح
Houding	الموقف
Mededogen	عطف
Mentaal	عقلي
Muziek	موسيقى
Natuur	طبيعة
Observatie	المراقبة
Perspectief	المنظور
Stilte	الصمت
Vrede	سلام
Vriendelijkheid	اللطف
Wakker	مستيقظ

Meer Informatie
الخيال العلمي

Atoom	ذري
Bioscoop	سينما
Boeken	الكتب
Brand	نار
Denkbeeldig	وهمي
Explosie	انفجار
Extreem	متطرف
Fantastisch	رائع
Futuristisch	مستقبلية
Illusie	وهم
Klonen	استنساخ
Mysterieus	غامض
Orakel	وحي
Planeet	كوكب
Realistisch	واقعي
Robots	الروبوتات
Scenario	السيناريو
Technologie	تقنية
Utopie	يوتوبيا
Wereld	العالمية

Menselijk Lichaam
جسم الإنسان

Been	رجل
Bloed	دم
Elleboog	كوع
Enkel	كاحل
Hand	يد
Hart	قلب
Hersenen	دماغ
Hoofd	رئيس
Huid	جلد
Kaak	فك
Kin	ذقن
Knie	ركبة
Maag	المعدة
Mond	فم
Nek	رقبة
Neus	أنف
Oor	أذن
Schouder	كتف
Tong	لسان
Vinger	إصبع

Metingen
القياسات

Breedte	عرض
Byte	بايت
Centimeter	سنتيمتر
Decimaal	عشري
Diepte	عمق
Gewicht	وزن
Gram	غرام
Hoogte	ارتفاع
Inch	بوصة
Kilogram	كيلوغرام
Kilometer	كيلومتر
Lengte	الطول
Liter	لتر
Massa	كتلة
Meter	متر
Minuut	دقيقة
Ons	أوقية
Pint	نصف لتر
Ton	طن
Volume	الصوت

Muziek
موسيقى

Album	ألبوم
Ballade	أغنية
Eclectisch	انتقائي
Harmonie	انسجام
Improviseren	تحسين
Instrument	أداة
Klassiek	كلاسيكي
Koor	جوقة
Lyrisch	غنائية
Melodie	لحن
Microfoon	ميكروفون
Muzikaal	موسيقي
Opera	أوبرا
Opname	تسجيل
Poëtisch	شاعري
Ritme	إيقاع
Ritmisch	إيقاعي
Tempo	الإيقاع
Zanger	المغني
Zingen	غنى

Muziekinstrumenten
آلات موسيقية

Banjo	البانجو
Cello	التشيلو
Fagot	باسون
Fluit	ناي
Gitaar	قيثارة
Gong	ناقوس
Harp	جنك
Hobo	المزمار
Klarinet	مزمار
Mandoline	مندولين
Marimba	ماريمبا
Mondharmonica	هارمونيكا
Percussie	قرع
Piano	بيانو
Saxofoon	ساكسفون
Tamboerijn	دف صغير
Trombone	الترومبون
Trommel	طبل
Trompet	بوق
Viool	كمان

Mythologie
الميثولوجيا

Bliksem	برق
Creatie	خلق
Cultuur	ثقافة
Donder	رعد
Doolhof	متاهة
Gedrag	سلوك
Held	بطل
Heldin	بطلة
Hemel	السماء
Jaloezie	الغيرة
Kracht	قوة
Krijger	محارب
Legende	أسطورة
Magisch	سحري
Monster	مسخ
Onsterfelijkheid	خلود
Ramp	كارثة
Sterfelijk	مميت
Wezen	مخلوق
Wraak	انتقام

Natuur
الطبيعة

Arctisch	القطب الشمالي
Bijen	النحل
Bos	غابة
Dieren	الحيوانات
Dynamisch	متحرك
Erosie	تآكل
Gebladerte	أوراق الشجر
Gletsjer	مثلجة
Heiligdom	ملاذ
Klippen	المنحدرات
Mist	ضباب
Rivier	نهر
Schoonheid	جمال
Schuilplaats	مأوى
Sereen	هادئ
Tropisch	استوائي
Vitaal	حيوي
Wild	بري
Woestijn	صحراء
Wolken	سحاب

Natuurkunde
الفيزياء

Atoom	ذرة
Chaos	فوضى
Deeltje	جسيم
Dichtheid	كثافة
Elektron	إلكترون
Experiment	تجربة
Formule	معادلة
Frequentie	تردد
Gas	غاز
Magnetisme	المغناطيسية
Massa	كتلة
Mechanica	ميكانيكا
Molecuul	مركب
Motor	محرك
Relativiteit	النسبية
Snelheid	سرعة
Uitbreiding	توسع
Universeel	عالمي
Versnelling	تسريع
Zwaartekracht	جاذبية

Oceaan
محيط

Aal	ثعبان
Algen	الطحالب
Boot	قارب
Dolfijn	دولفين
Garnaal	جمبري
Getijden	المد والجزر
Golven	أمواج
Haai	قرش
Koraal	المرجان
Krab	سرطان
Kwal	قنديل البحر
Octopus	أخطبوط
Oester	محار
Schildpad	سلحفاة
Spons	إسفنج
Storm	عاصفة
Tonijn	تونة
Vis	سمك
Walvis	حوت
Zout	ملح

Opwarming van de Aarde
الاحتباس الحراري

Aandacht	انتباه
Arctisch	القطب الشمالي
Crisis	أزمة
Energie	طاقة
Gas	غاز
Gegevens	البيانات
Generaties	الاجيال
Industrie	صناعة
Internationaal	دولي
Klimaat	مناخ
Mensen	البشر
Milieu	البيئة
Nu	الآن
Ontwikkeling	تطور
Regering	حكومة
Temperaturen	درجات الحرارة
Toekomst	مستقبل
Veranderingen	التغييرات
Wetenschapper	عالم
Wetgeving	تشريع

Overheid
الحكومة

Burgerschap	المواطنة
Civiel	مدني
Democratie	ديمقراطية
Discussie	نقاش
Gelijkheid	المساواة
Gerechtelijk	قضائي
Gerechtigheid	عدالة
Grondwet	دستور
Leider	زعيم
Monument	نصب
Natie	أمة
Nationaal	وطني
Politiek	سياسة
Rechten	حقوق
Staat	حالة
Symbool	رمز
Toespraak	خطاب
Vrijheid	حرية
Wet	قانون
Wijk	منطقة

Psychologie
علم النفس

Afspraak	موعد
Beoordeling	تقييم
Bewusteloos	فاقد الوعي
Cognitie	معرفة
Conflict	نزاع
Dromen	أحلام
Ego	الأنا
Emoties	العواطف
Gedachten	أفكار
Gedrag	سلوك
Gevoel	احساس
Herinneringen	ذكريات
Invloed	تأثيرات
Jeugd	مرحلة الطفولة
Klinisch	مرضي
Perceptie	الإدراك
Persoonlijkheid	شخصية
Probleem	مشكلة
Realiteit	واقع
Therapie	علاج

Regenwoud
الغابات المطيرة

Amfibieën	البرمائيات
Behoud	حفظ
Botanisch	نباتي
Diversiteit	تنوع
Gemeenschap	ملة
Inheems	أصلي
Insecten	الحشرات
Jungle	الغابة
Klimaat	مناخ
Mos	طحلب
Natuur	طبيعة
Overleving	نجاة
Respect	احترام
Restauratie	استعادة
Soort	الأنواع
Toevlucht	ملجأ
Vogels	الطيور
Waardevol	ذو قيمة
Wolken	سحاب
Zoogdieren	الثدييات

Restaurant #1
مطعم #1

Allergie	حساسية
Bord	طبق
Brood	خبز
Eten	لتناول الطعام
Ingrediënten	مكونات
Kassier	صراف
Keuken	مطبخ
Kip	دجاج
Koffie	قهوة
Kom	وعاء
Menu	قائمة
Mes	سكين
Pittig	حار
Reservering	حجز
Saus	صلصة
Serveerster	نادلة
Servet	منديل
Toetje	حلوى
Vlees	لحم
Voedsel	طعام

Restaurant #2
مطعم رقم 2

Cake	كيك
Diner	عشاء
Drank	مشروب
Eieren	بيض
Fruit	فاكهة
Groente	خضروات
Heerlijk	لذيذ
Ijs	جليد
Lepel	ملعقة
Lunch	غداء
Noedels	المعكرونة
Ober	النادل
Salade	سلطة
Soep	حساء
Specerijen	توابل
Stoel	كرسي
Vis	سمك
Vork	شوكة
Water	ماء
Zout	ملح

Rijden
القيادة

Auto	سيارة
Brandstof	وقود
Garage	جراج
Gas	غاز
Gevaar	خطر
Kaart	خريطة
Licentie	رخصة
Motor	محرك
Motorfiets	دراجة نارية
Ongeluk	حادث
Politie	شرطة
Remmen	فرامل
Snelheid	سرعة
Straat	شارع
Tunnel	نفق
Veiligheid	أمن
Verkeer	حركة المرور
Voetganger	المشاة
Vrachtauto	شاحنة
Weg	طريق

Schaken
شطرنج

Diagonaal	قطري
Kampioen	بطل
Koning	ملك
Koningin	ملكة
Leren	ليتعلم
Offer	تضحية
Passief	مبني للمجهول
Punten	النقاط
Reglement	قواعد
Slim	ذكي
Spel	لعبه
Speler	لاعب
Strategie	إستراتيجية
Tegenstander	الخصم
Tijd	الوقت
Toernooi	مسابقة
Uitdagingen	التحديات
Wedstrijd	منافسة
Wit	أبيض
Zwart	أسود

Schoonheid
بيوتي

Charme	سحر
Diensten	خدمات
Elegant	أنيق
Elegantie	أناقة
Fotogeniek	رقيق
Genade	نعمة
Geur	عطور
Glad	ناعم
Huid	جلد
Kleur	اللون
Krullen	تجعيد الشعر
Lippenstift	أحمر الشفاه
Mascara	ماسكارا
Oliën	زيوت
Producten	منتجات
Schaar	مقص
Shampoo	شامبو
Spiegel	مرآة
Stilist	حلاق
Verzinnen	ماكياج

Specerijen
التوابل

Anijs	اليانسون
Bitter	مر
Fenegriek	الحلبة
Gember	زنجبيل
Kaneel	قرفة
Kardemom	حب الهال
Kerrie	كاري
Knoflook	ثوم
Komijn	كمون
Koriander	كزبرة
Kruidnagel	القرنفل
Nootmuskaat	جوزة الطيب
Paprika	فلفل أحمر
Saffraan	زعفران
Smaak	نكهة
Ui	بصل
Vanille	الفانيل
Venkel	الشمرة
Zoet	حلو
Zout	ملح

Stad
مدينة

Apotheek	صيدلية
Bakkerij	مخبز
Bank	بنك
Bibliotheek	مكتبة
Bioscoop	سينما
Bloemist	منسق زهور
Dierentuin	حديقة حيوان
Galerij	معرض
Hotel	فندق
Kliniek	عيادة
Luchthaven	مطار
Markt	سوق
Museum	متحف
Restaurant	مطعم
School	مدرسة
Stadion	ملعب
Supermarkt	سوبر ماركت
Theater	مسرح
Universiteit	جامعة
Winkel	خزن

Tijd
الوقت

Dag	يوم
Decennium	العقد
Eeuw	قرن
Gisteren	أمس
Jaar	سنة
Jaarlijks	سنوي
Kalender	تقويم
Maand	شهر
Middag	وقت الظهيرة
Minuut	دقيقة
Morgen	غدا
Na	بعد
Nacht	الليل
Nu	الآن
Ochtend	صباح
Toekomst	مستقبل
Uur	ساعة
Vandaag	اليوم
Vroeg	مبكرا
Week	أسبوع

Tuin
حديقة

Bank	مقعد
Bloem	زهرة
Boom	شجرة
Boomgaard	بستان
Garage	كراج
Gras	عشب
Hangmat	أرجوحة
Hark	أشعل النار
Hek	سياج
Onkruid	الأعشاب
Rotsen	الصخور
Schop	مجرفة
Slang	خرطوم
Struik	شوب
Terras	مصطبة
Trampoline	الترامبولين
Tuin	حديقة
Veranda	رواق
Vijver	بركة
Wijnstok	كرمة

Tuinieren
البستنة

Blad	ورقة
Bloemen	الأزهار
Bloesem	زهر
Bodem	تربة
Boeket	باقة أزهار
Boomgaard	بستان
Botanisch	نباتي
Compost	سماد
Container	وعاء
Eetbaar	صالح للأكل
Exotisch	غريب
Gebladerte	أوراق الشجر
Klimaat	مناخ
Seizoensgebonden	موسمي
Slang	خرطوم
Soort	الأنواع
Vocht	رطوبة
Vuil	التراب
Water	ماء
Zaden	بذور

Vakantie #2
عطلة #2

Bestemming	وجهة
Buitenlander	أجنبي
Eiland	جزيرة
Hotel	فندق
Kaart	خريطة
Kamperen	تخييم
Luchthaven	مطار
Paspoort	جواز سفر
Reis	رحلة
Reserveringen	التحفظات
Restaurant	مطعم
Strand	شاطئ
Taxi	تاكسي
Tent	خيمة
Trein	قطار
Vakantie	عطلة
Vervoer	النقل
Visum	تأشيرة
Vrije Tijd	الترفيه
Zee	بحر

Vliegtuigen
الطائرات

Afdaling	اصل
Atmosfeer	الغلاف الجوي
Avontuur	مغامرة
Ballon	بالون
Bemanning	طاقم
Bouw	بناء
Brandstof	وقود
Geschiedenis	التاريخ
Hemel	سماء
Hoogte	ارتفاع
Landen	هبوط
Lucht	هواء
Motor	محرك
Navigeren	التنقل
Ontwerp	التصميم
Passagier	راكب
Piloot	طيار
Richting	اتجاه
Turbulentie	اضطراب
Waterstof	هيدروجين

Voeding
التغذية

Bitter	مر
Dieet	حمية
Eetbaar	صالح للأكل
Eetlust	شهية
Eiwitten	البروتينات
Evenwichtig	متوازن
Fermentatie	تخمير
Gewicht	وزن
Gezond	صحي
Gezondheid	الصحة
Koolhydraten	الكربوهيدرات
Kwaliteit	جودة
Saus	صلصة
Smaak	نكهة
Specerijen	توابل
Spijsvertering	هضم
Toxine	سم
Vitamine	فيتامين
Vloeistoffen	سوائل
Voedingsstof	المغذي

Voertuigen
المركبات

Ambulance	سيارة إسعاف
Auto	سيارة
Banden	الإطارات
Boot	قارب
Bus	حافلة
Caravan	قافلة
Fiets	دراجة
Helikopter	هليكوبتر
Metro	مترو
Motor	محرك
Onderzeeër	غواصة
Raket	صاروخ
Scooter	سكوتر
Taxi	تاكسي
Tractor	جرار
Trein	قطار
Veerboot	العبارة
Vliegtuig	طائرة
Vlot	طوف
Vrachtauto	شاحنة

Vogels
الطيور

Duif	حمامة
Eend	بطة
Ei	بيضة
Flamingo	نحام
Gans	إوز
Kip	دجاج
Koekoek	الوقواق
Kraai	غراب
Meeuw	نورس
Mus	عصفور
Ooievaar	اللقلق
Papegaai	ببغاء
Pauw	الطاووس
Pelikaan	البجع
Pinguïn	البطريق
Reiger	هيرون
Struisvogel	نعامة
Toekan	طوقان
Uil	بومة
Zwaan	بجعة

Wandelen
التنزه

Berg	جبل
Dieren	الحيوانات
Gevaren	المخاطر
Kaart	خريطة
Kamperen	تخييم
Klif	جرف
Klimaat	مناخ
Laarzen	أحذية
Moe	متعب
Muggen	البعوض
Natuur	طبيعة
Oriëntatie	اتجاه
Parken	الحدائق
Stenen	الحجارة
Top	قمة
Voorbereiding	تحضير
Water	ماء
Wild	بري
Zon	شمس
Zwaar	ثقيل

Weersomstandigheden
الطقس

Atmosfeer	الغلاف الجوي
Bewolkt	غائم
Bliksem	برق
Donder	الرعد
Droog	جاف
Droogte	جفاف
Hemel	سماء
Ijs	جليد
Klimaat	مناخ
Mist	الضباب
Overstroming	فيضان
Polair	قطبي
Regenboog	قوس قزح
Storm	عاصفة
Temperatuur	درجة الحرارة
Tornado	إعصار
Tropisch	استوائي
Vochtig	رطب
Wind	ريح
Wolk	سحابة

Wetenschappelijke Discip
التخصصات العلمية

Anatomie	تشريح
Archeologie	علم الآثار
Astronomie	علم الفلك
Biologie	بيولوجيا
Chemie	كيمياء
Ecologie	علم البيئة
Fysiologie	فيزيولوجيا
Geologie	جيولوجيا
Immunologie	علم المناعة
Kinesiologie	علم الحركة
Mechanica	ميكانيكا
Mineralogie	علم المعادن
Natuurkunde	الفيزياء
Neurologie	علم الأعصاب
Plantkunde	علم النبات
Psychologie	علم النفس
Robotica	الروبوتات
Sociologie	علم الاجتماع
Voeding	تغذية
Zoölogie	علم الحيوان

Wiskunde
الرياضيات

Cijfers	الأرقام
Decimaal	عشري
Diameter	قطر
Driehoek	مثلث
Exponent	أس
Fractie	جزء
Geometrie	هندسة
Graden	درجات
Hoeken	زوايا
Loodrecht	عمودي
Omtrek	محيط
Parallel	مواز
Rechthoek	مستطيل
Rekenkundig	حساب
Som	مجموع
Symmetrie	تناظر
Veelhoek	مضلع
Vergelijking	معادلة
Vierkant	مربع
Volume	الصوت

Zakelijk
الأعمال

Bedrijf	شركة
Begroting	ميزانية
Belastingen	الضرائب
Carrière	مهنة
Economie	الاقتصاد
Fabriek	مصنع
Financiën	المالية
Geld	مال
Inkomen	الإيرادات
Investering	استثمار
Kantoor	مكتب
Korting	خصم
Kosten	التكلفة
Transactie	عملية تجارية
Valuta	عملة
Verkoop	بيع
Werkgever	صاحب العمل
Werknemer	موظف
Winkel	متجر
Winst	ربح

Ziekte
مرض

Acuut	شديد
Ademhaling	تنفسي
Allergieën	الحساسية
Bacterieel	بكتيري
Besmettelijk	معدي
Botten	عظام
Buik	البطن
Chronisch	مزمن
Erfelijk	وراثي
Genetisch	الوراثية
Genezing	شفاء
Gezondheid	الصحة
Hart	قلب
Immuniteit	الحصانة
Lenden-	قطني
Lichaam	جثة
Ontsteking	التهاب
Syndroom	متلازمة
Therapie	علاج
Zwak	ضعيف

Zoogdieren

الثدييات

Aap	قرد
Bever	سمور
Coyote	ذئب البراري
Dolfijn	دولفين
Ezel	حمار
Geit	ماعز
Giraf	زرافة
Gorilla	غوريلا
Hond	كلب
Kameel	جمل
Kangoeroe	كنغر
Kat	قط
Konijn	أرنب
Leeuw	أسد
Olifant	الفيل
Paard	حصان
Stier	ثور
Vos	فوكس
Walvis	حوت
Wolf	ذئب

Gefeliciteerd

Je hebt het gehaald!

We hopen dat u net zoveel plezier beleeft aan dit boek als wij aan het maken ervan. We doen ons best om spellen van hoge kwaliteit te maken.
Deze puzzels zijn op een slimme manier ontworpen zodat je actief kunt leren terwijl je plezier hebt!

Vond je ze mooi?

Een Eenvoudig Verzoek

Onze boeken bestaan dankzij de recensies die zij publiceren.
Kunt u ons helpen door nu een mening achter te laten ?

Hier is een korte link die u naar uw
bestellingen beoordelingspagina.

BestBooksActivity.com/Recensie50

FINAAL UITDAGING!

Uitdaging nr. 1

Klaar voor uw bonusspel? We gebruiken ze de hele tijd, maar ze zijn niet zo gemakkelijk te vinden. Hier zijn **Synoniemen!**

Noteer 5 woorden die je ontdekt hebt in elk van de onderstaande puzzels (nr. 21, nr. 36, nr. 76) en probeer voor elk woord 2 synoniemen te vinden.

Notitie 5 Woorden uit ***Puzzle 21***

Woorden	Synoniem 1	Synoniem 2

Notitie 5 Woorden uit ***Puzzle 36***

Woorden	Synoniem 1	Synoniem 2

Notitie 5 Woorden uit ***Puzzle 76***

Woorden	Synoniem 1	Synoniem 2

Uitdaging nr. 2

Nu je opgewarmd bent, noteer 5 woorden die je ontdekt hebt in elke hieronder genoteerde puzzel (nr. 9, nr. 17, nr. 25) en probeer voor elk woord 2 antoniemen te vinden. Hoeveel regels kan je doen in 20 minuten?

Notitie 5 Woorden uit ***Puzzle 9***

Woorden	Antoniem 1	Antoniem 2

Notitie 5 Woorden uit ***Puzzle 17***

Woorden	Antoniem 1	Antoniem 2

Notitie 5 Woorden uit ***Puzzle 25***

Woorden	Antoniem 1	Antoniem 2

Uitdaging nr. 3

Prachtig, deze finaal uitdaging 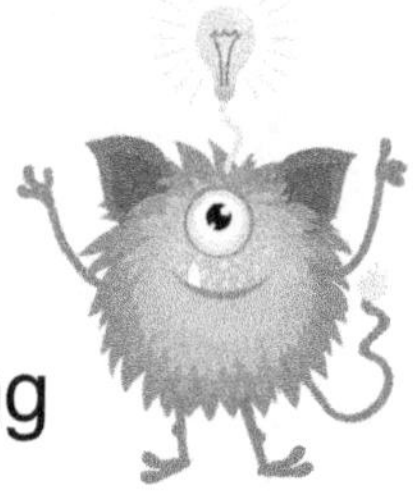 is makkelijk voor jou!

Klaar voor de laatste? Kies je 10 favoriete woorden die je in een van de puzzels hebt ontdekt en noteer ze hieronder.

1.	6.
2.	7.
3.	8.
4.	9.
5.	10.

De uitdaging is nu om met deze woorden en binnen een maximum van zes zinnen een tekst te schrijven over een persoon, dier of plaats waar je van houdt!

Tip: U kunt de laatste blanco pagina van dit boek als kladblaadje gebruiken!

Je schrijven:

NOTITIEBOEKJE:

TOT SNEL!

Linguas Classics

www.ingramcontent.com/pod-product-compliance
Lightning Source LLC
Chambersburg PA
CBHW082056120626
46553CB00011B/3422
* 9 7 9 8 8 9 6 7 0 2 1 5 3 *